書き込み式 漢字検定 7級 問題集

成美堂出版

もくじ

第1章

学習ドリル 配当漢字表&練習問題

出題範囲《はんい》を集中学習! まちがえたら最初の配当漢字表に戻《もど》ってしっかり覚えよう!

第2章

実力チェック!! 本試験型《がた》テスト

合格は140点以上。まちがえたところは別さつの答え・かいせつでしっかり復《ふく》習しよう!

理解《かい》を深める資料集

別さつ 答え・かいせつ

学習ドリルの練習問題と本試験型《がた》テストの答えは、別さつにかいせつ入りでまとめて掲載《けいさい》!

7級の出題範囲《はんい》 徹《てっ》底攻略《こうりゃく》

★ 7級の問題番号と出題内容《よう》※

問題番号	出題内容	
大問(一)	読み	←問題数が20問に
大問(二)	読み	
大問(三)	漢字えらび	←文章に合う正しい漢字を選ぶ
大問(四)	画数	←総画数も問われる
大問(五)	音読み・訓読み	←漢字の音読みと訓読みを答える
大問(六)	対義語	←いくつかのひらがなから選んで漢字に直す
大問(七)	漢字と送りがな	
大問(八)	同じ部首の漢字	
大問(九)	同じ読みの漢字	
大問(十)	じゅく語作り	←共通する漢字を使った二字のじゅく語を作る
大問(十一)	漢字	

■部分は8級からの変更点
赤字は7級で新しく加わった問題

出題される漢字は642字

漢字検定《けん》7級では、常用《じょう》漢字のなかの**642字**から出題され、8級から**202字**増えました。

漢字を読ませる問題、漢字を書かせる問題ともに**9割《わり》**以上で7級の漢字が使われており、それ以外は下級の漢字です。

ただし、下級の漢字でも**じゅく字訓・当て字、特別な音訓**（➡本冊《さつ》P140）が出題されています。

7級の要注意問題の対策

「対義語《ぎ》」の覚え方

対義語は、次のような組み立てでできています。答えがわからない場合のヒントになるでしょう。

1 上の1字だけが反対のもの（共通の字がある）

(例) 多芸――無芸

どちらも「芸」の字は共通で、「多」と「無」が反対の関係になっています。

2 下の1字だけが反対のもの（共通の字がある）

(例) 連勝――連敗

どちらも「連」の字は共通で、「勝」と「負」が反対の関係になっています。

3 上下の2字ともそれぞれ反対のもの（共通の字がない）

(例) 熱湯――冷水

共通の漢字はなく、「熱」と「冷」、「湯」と「水」がそれぞれ反対の関係になっています。

4 意味や内容が反対のもの（共通の字がない）

(例) 戦争――平和

共通の漢字はなく、「戦争」と「平和」の意味が反対の関係になっています。

このように、まずはじゅく語のうち、どの部分が反対の関係になっているかを考える必要があります。

1と2ならば、反対の関係になっている漢字はそれぞれ一字だけですので、**共通でない漢字の部分**を考えます。

3の場合は、二字それぞれが反対の関係になっているので、まずは**どの漢字が反対の関係になっているかを見きわめる**必要があります。

4の場合は**じゅく語の意味を知らなくては答えることができない**ため、一番難《むずか》しいといえるでしょう。

「同じ部首の漢字」の覚え方

同じ部首の漢字の問題は、二字か三字のじゅく語のうち、各じゅく語の共通する部首をもつ漢字一字を答える問題です。また、漢字の読み方もついているた

※本書は出題が予想される形式で構成しています。実際の試験は、公益財団法人 日本漢字能力検定協会の審査基準の変更の有無にかかわらず、出題形式や問題数が変更されることもあります。

✪ 7級の審査基準

領域・内容			程度
読むことと書くこと	筆順	部首	小学校第４学年までの学習漢字を理解し、文章の中で正しく使える。
小学校学年別漢字配当表の第４学年までの学習漢字を読み、書くことができる。 ●音読みと訓読みとを正しく理解していること。 ●送り仮名に注意して正しく書けること。 （例）等しい　短い　流れる　など ●熟語の構成を知っていること。 ●対義語の大体を理解していること。 （例）入学―卒業　成功―失敗　など ●同音異字を理解していること。 （例）健康、高校、良好、外交　など	筆順、総画数を正しく理解している。	部首を理解している。	

め、じゅく語のうちの漢字一字を答える問題とも考えられます。

1 部首に注目して考える

（例）刂（りっとう）

行□《れつ》・印□《さつ》・□《ふく》食

この場合、「りっとう」の部首をもつ漢字のなかで、「ぎょう」、「いん」、「ふく」の読みをもつ漢字を考えます。7級までに習う漢字の中で「りっとう」をもつ漢字は「前」、「列」、「刷」、「副」、「別」、「利」の6つだけなので、この中で「ぎょう」、「さつ」、「ふく」と読む漢字を書けば正解です。

答え　行列《れつ》・印刷《さつ》・副《ふく》食

2 読みとじゅく語に注目して考える

（例）辶（しんにょう・しんにゅう）

□《せん》挙・配□《たつ》・□《れん》続

今度は、部首の事は考えず、ひらがなの読みからじゅく語の漢字を考えます。この場合、部首がわからなくても答えることができますが、そのかわりにじゅく語の知識《しき》が必要になります。

答え　選《せん》挙・配達《たつ》・連《れん》続

「じゅく語作り」の作り方

7級では、漢字一字の上下にそれぞれ別の漢字を加え、二字のじゅく語を作る問題が追加されます。この問題は、普段あまり目にしないタイプの問題です。

（例）養

□養・養□

ア 分　イ 置　ウ 栄　エ 労　オ 付

この場合、「養」の上下の□にア～オの漢字を一字選んで、じゅく語を作ります。考え方としては、全ての漢字を「養」の上下においてみて、知っているじゅく語になるかどうかやってみましょう。

答え

	ア	イ	ウ	エ	オ
上	分養	置養	栄養	労養	付養
下	養分	養置	養栄	養労	養付

全て当てはめてみると、アの「養分」とウの「栄養」の2つのじゅく語ができ、これが正解だとわかります。

7級の採点《さい》基準《きじゅん》

2～10級は常用漢字で答える

【書き】　2～10級の解答については、**常《じょう》用漢字表**（内閣告示《かくこくじ》）の漢字で答えなければなりません。その他の漢字や旧《きゅう》字体で解答すると、まちがいになります。たとえば、「悪」を「惡」と書いたり、「門」を「门」と書くと誤りになります。

【読み】　音読みも訓読みも常用漢字表が採《さい》点の基準《きじゅん》です。常用漢字表にない読みを書くと正答とはみなされません。

【部首】　漢字検《けん》定での部首の解答は、2級以下の漢字がすべて掲載《けいさい》されている**『漢検要覧《らん》2～10級対応《おう》　改訂版《ていばん》』**（公益財《えきざい》団《だん》法人日本漢字能力検定協会発行）収《しゅう》録の**「部首一覧表と部首別の常用漢字」**によります。部首は辞書によって多少異なる場合もありますので、よく注意してください（第1章学習ドリルそれぞれの最初にある**「7級配当漢字表」**を参照）。

【かなづかい】　**現《げん》代仮《か》名遣《づか》い**（内閣告示）によります。

【送りがな】　**送りがなの付け方**（内閣告示）によります。

【字体】　字体は、**教科書体**（小学校の教科書で使用されている字の形）が基本です。本書の問題・解答・資《し》料も教科書体を使用しています。

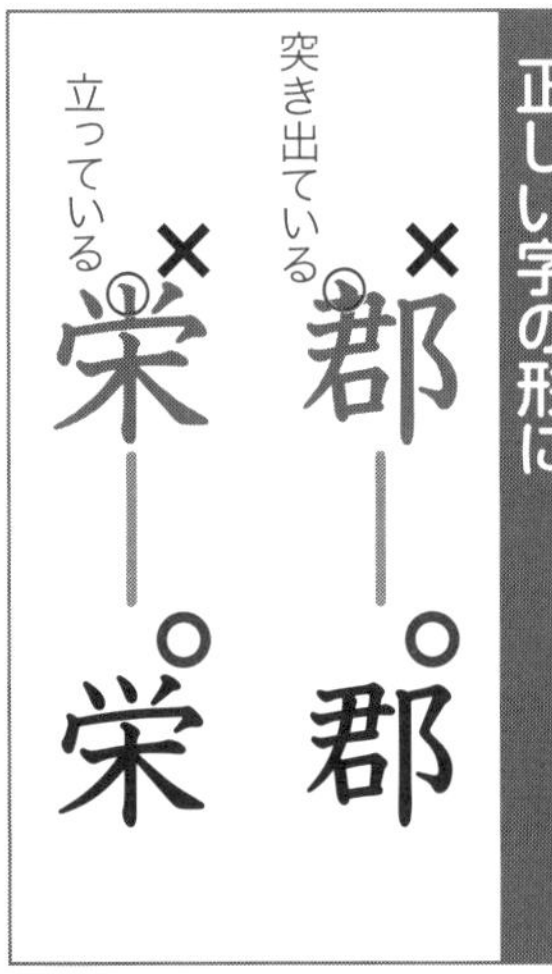

文字は正しくていねいに

筆順（点や画）を正しく書くことが大切です。くずした字を書いたり乱雑《らんざつ》な書き方をしたりすると、採《さい》点の対象《しょう》外となります。楷《かい》書で、ていねいに書くようにしてください。「はねる」「とめる」「長・短」「続ける・はなす」など、一画一画、細かいところまで気を配りましょう。

記号で答える問題は、本書では記号を書き込みますが、本番の試験ではマークシートをぬりつぶして答えます。はみ出したり、あいまいなぬりかたをしたりすると採点の対象にならないことがあるので注意してください。

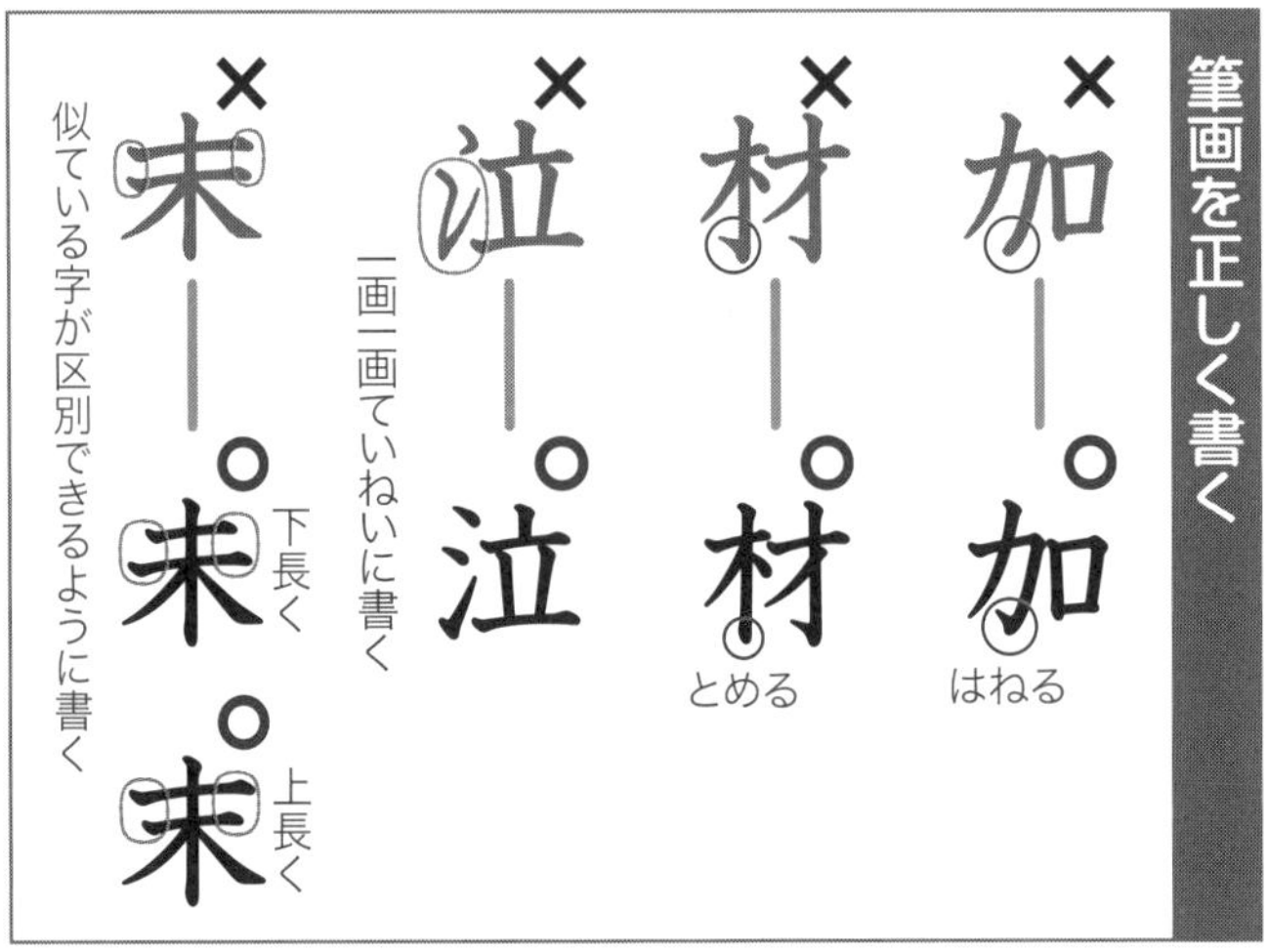

合格基準は正解率70%

合格基準は、1級～2級は80%程度《てい》、準2級～7級は70%程度、8～10級は80%程度となっています。「7級」合格を目指す人は、140点程度が合格の目安になります。

7級の実施《し》要項《こう》

受検《けん》資格

年齢《れい》や学歴《れき》、国籍《せき》にかかわらず、希望すれば、だれでも、どの級からでも受検することができます。

主な申し込み方法

受検のしかたには、「個《こ》人受検」と「団《だん》体受検」があります。また、通常《じょう》の（紙の）検定のほかに、コンピュータを使って受検するシステム（漢検ＣＢＴ）も実施《し》されています。ここでは「個人受検」の申し込《こ》み方法について説明します。

【申し込み方法】　受検の申し込みには、さまざまな方法があります。

●インターネットで申し込む

日本漢字能《のう》力検定協会のホームページ(https://www.kanken.or.jp/)から申し込みます。

●コンビニエンスストアで申し込む

コンビニエンスストアの各店舗《ぽ》に設《せっ》置された端《たん》末機で申し込みます。

【申し込み期間】　検定日のおよそ3か月前から1か月前までとなっています。

> **問い合わせ先**
>
> **公益財団法人 日本漢字能力検定協会**
>
> **【本部】**
>
> 〒605-0074
> 京都市東山区祇園町南側551番地
> TEL　075-757-8600
> FAX　075-532-1110
>
> ホームページにある「よくある質問」を読んで該当する質問がみつからなければメールフォームでお問合せください。電話でのお問合せ窓口は**0120-509-315（無料）**です。

検定日・合否の通知など

【検定実施日】　毎年、おおむね6月、10月、2月の年3回行われています（漢検ＣＢＴは、検定日にかぎらず実施されています）。スケジュールなどについては、協会に直接《せつ》問い合わせるか、協会のホームページで確認《かくにん》してください。

【検定会場】　全国の主要都市で行われています。願書に記載《さい》されている検定会場から、自分の希望する会場を選びます。

【検定時間】　7級は60分間。開始時間の異なる級を選べば、2つ以上の級を受検することができます。

【合否の通知】　検定実施《し》後、約5日後に漢検ホームページで標準解《じゅんかい》答がＷＥＢ公開されます。約30日後に漢検ホームページでＷＥＢ合否《ひ》結果が公開され、受検者自身で合否《ひ》結果を確認《かくにん》できるようになります。約40日後には、検定結果資《し》料と標準解《じゅんかい》答が郵《ゆう》送されます。

検定当日の注意点

【持ち物】	受検《けん》票、HB・B・2Bの鉛《えん》筆（シャープペンシルも可《か》）、消しゴムを忘《わす》れずに持っていってください。ボールペンや万年筆、こすって消せるペンの使用は認《みと》められていません。ルーペ持ち込み可《か》。
【交通】	自動車やバイクでの来場は、原則《そく》として認められていません。公共の交通機関を使用してください。
【時間】	事前に説明などがあるため、検《けん》定開始の15分前には検《けん》定会場に入ってください。

本書は、原則として2023年11月現在の情報に基づいています。試験制度は変更されることがありますので、必ずご自身で、試験実施団体が発表する最新の情報をご確認ください。

本書の見方と使い方

STEP 1　第1章　学習ドリルで配当漢字を覚える！

配当漢字表

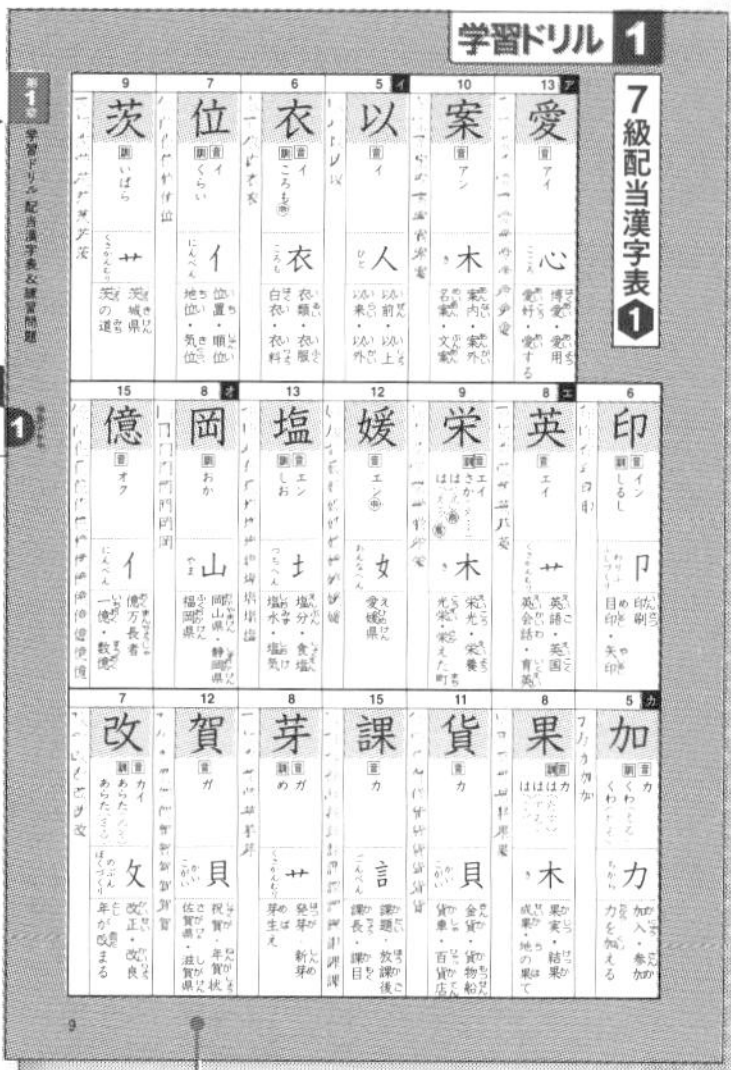

練習問題

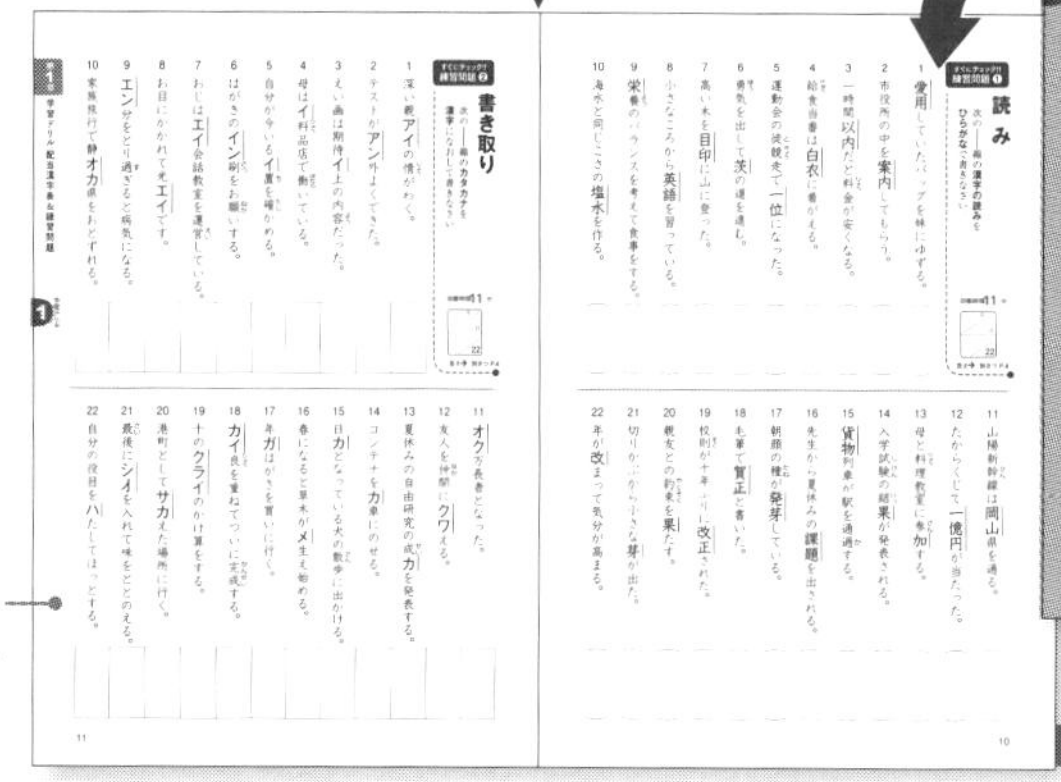

第１章では７級配当漢字202字を11に分け、それぞれ練習問題を解いていくことで覚えられるようにしています。

解答時間をめやすにドンドン書きこんで答えていこう！

７級配当漢字で重要な所はここで覚える！

STEP 2　第2章　本試験型《がた》テストにチャレンジ！

本試験型テスト

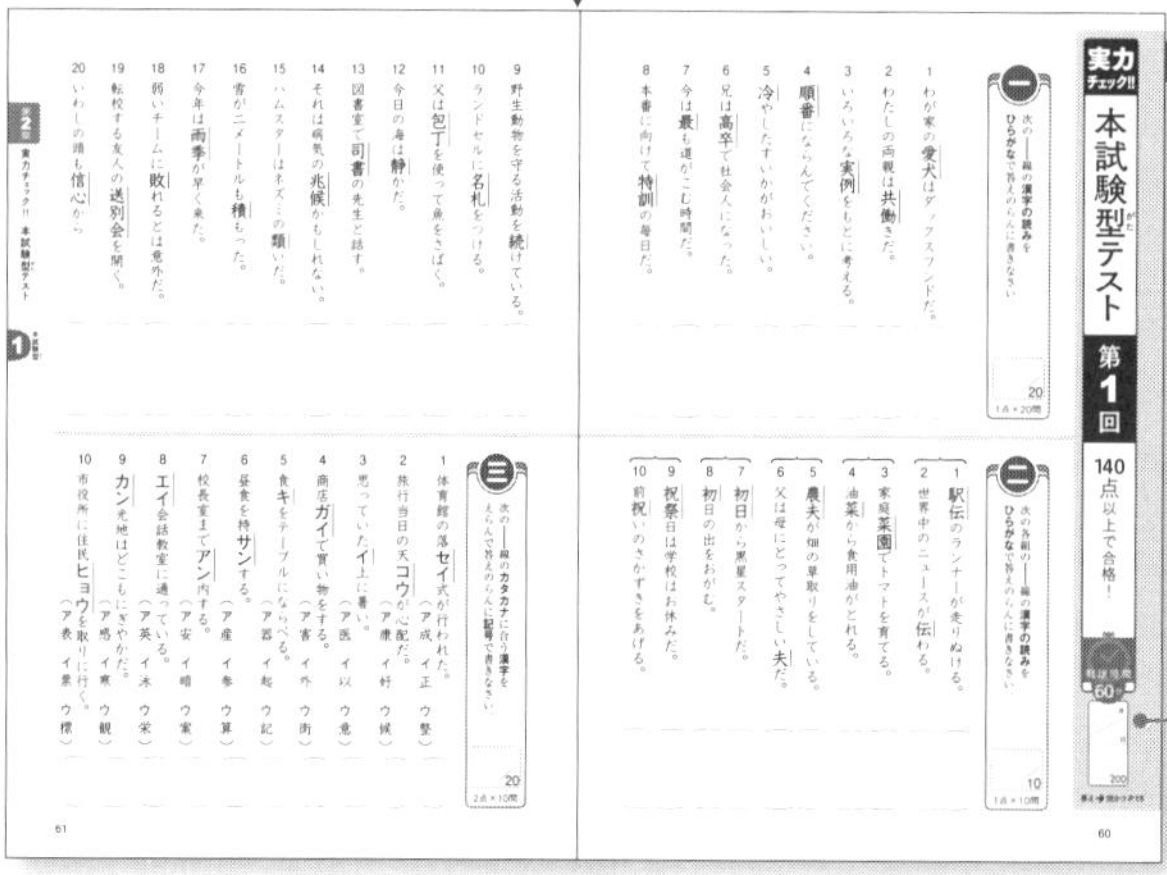

第２章は本試験同様の出題形式のテストを13回分出題。まずは、時間どおりにといて合かく点をめざしましょう。まちがえたら別さつのかいせつでしっかり復《ふく》習しましょう。

実際の本試験の出題形式で出題！　といていけば本番に強くなる！

別さつ　答え・かいせつ

学習ドリルの練習問題も本試験型テストも別さつで答え合わせ。

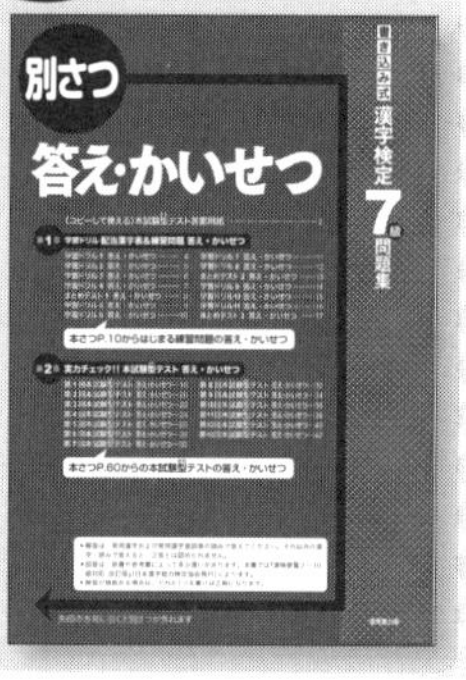

STEP 3　巻末資料　頻《ひん》出語句《く》満載《さい》！　理解《かい》を深める資《し》料集でレベルアップ！

筆順の原則

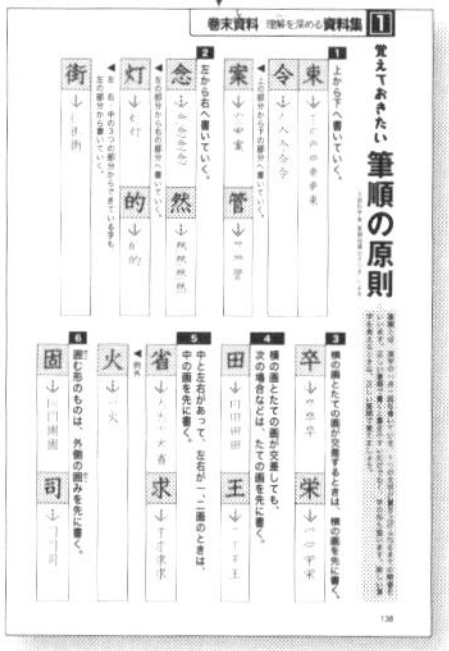

部首

画数

巻《かん》末には、過《か》去に多く出題された漢字やじゅく語を分野別にかいせつ。本書のテストのおさらいはもちろん、本番前の予習に活用してください。

過去の本試験でよく出題された問題、本番で出題されそうな問題がたくさん！

第1章

学習ドリル 配当漢字表 & 練習問題

出題範囲《はんい》を集中学習!
まちがえたら最初の
配当漢字表に戻《もど》って
しっかり覚えよう!

学習ドリルの進め方

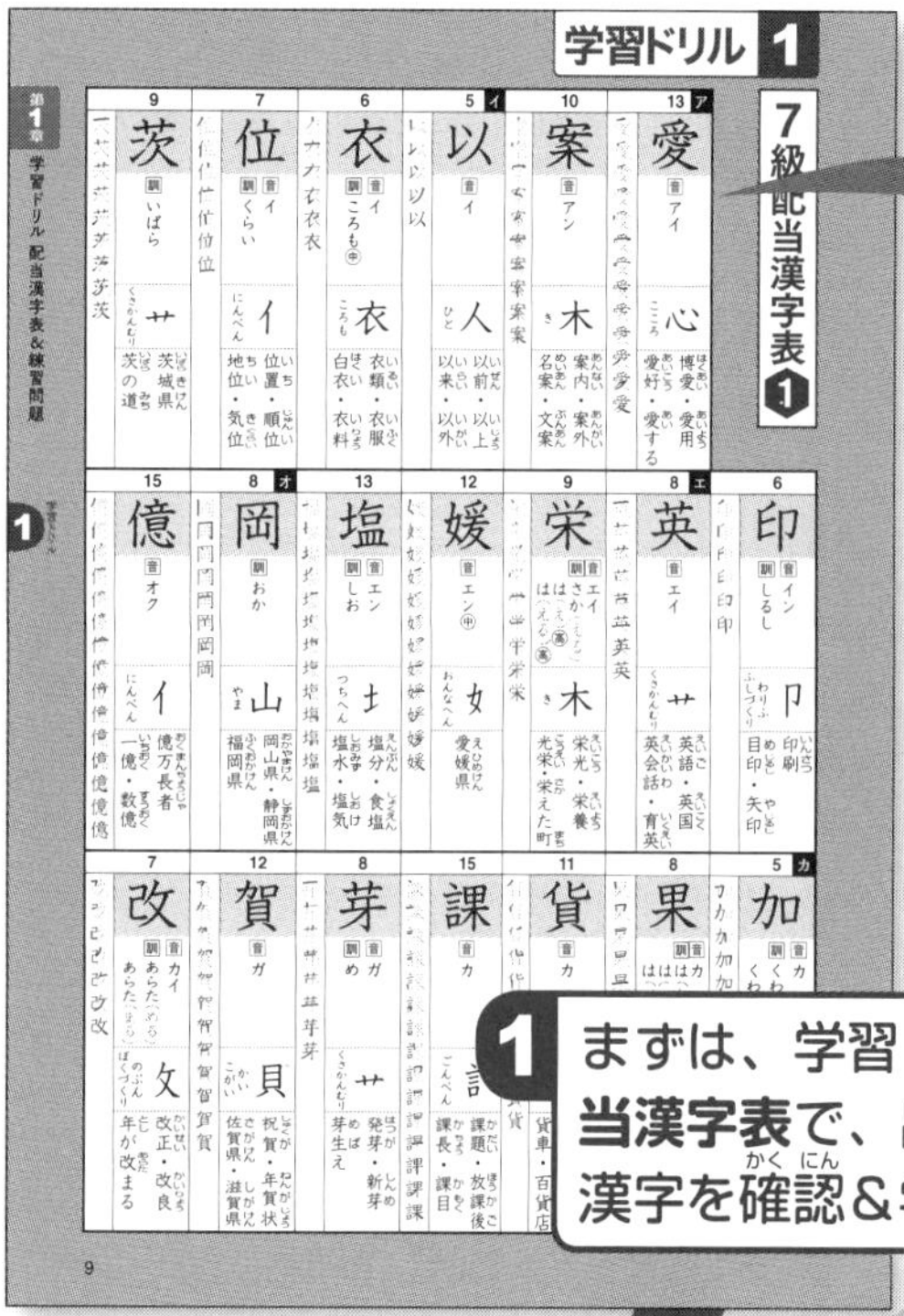

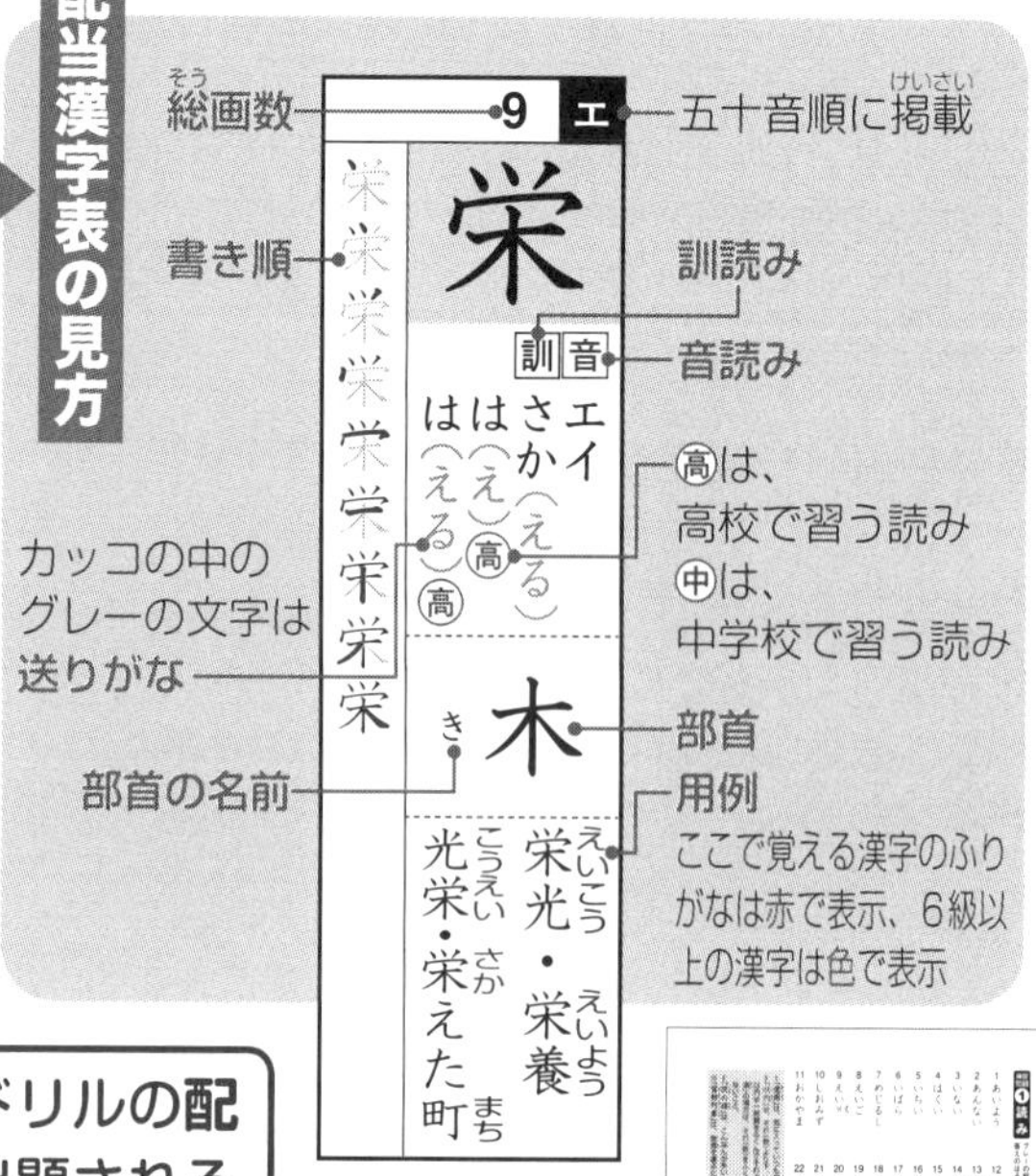

1 まずは、学習ドリルの**配当漢字表**で、出題される漢字を確認《かくにん》&学習する！

別さつ 答え・かいせつ

3 別さつで答え合わせ。まちがえたら**配当漢字表**で見直そう！

2 **練習問題**では配当漢字表の漢字を出題形式別に出題。どの出題方法でも対応《おう》できるようになる！

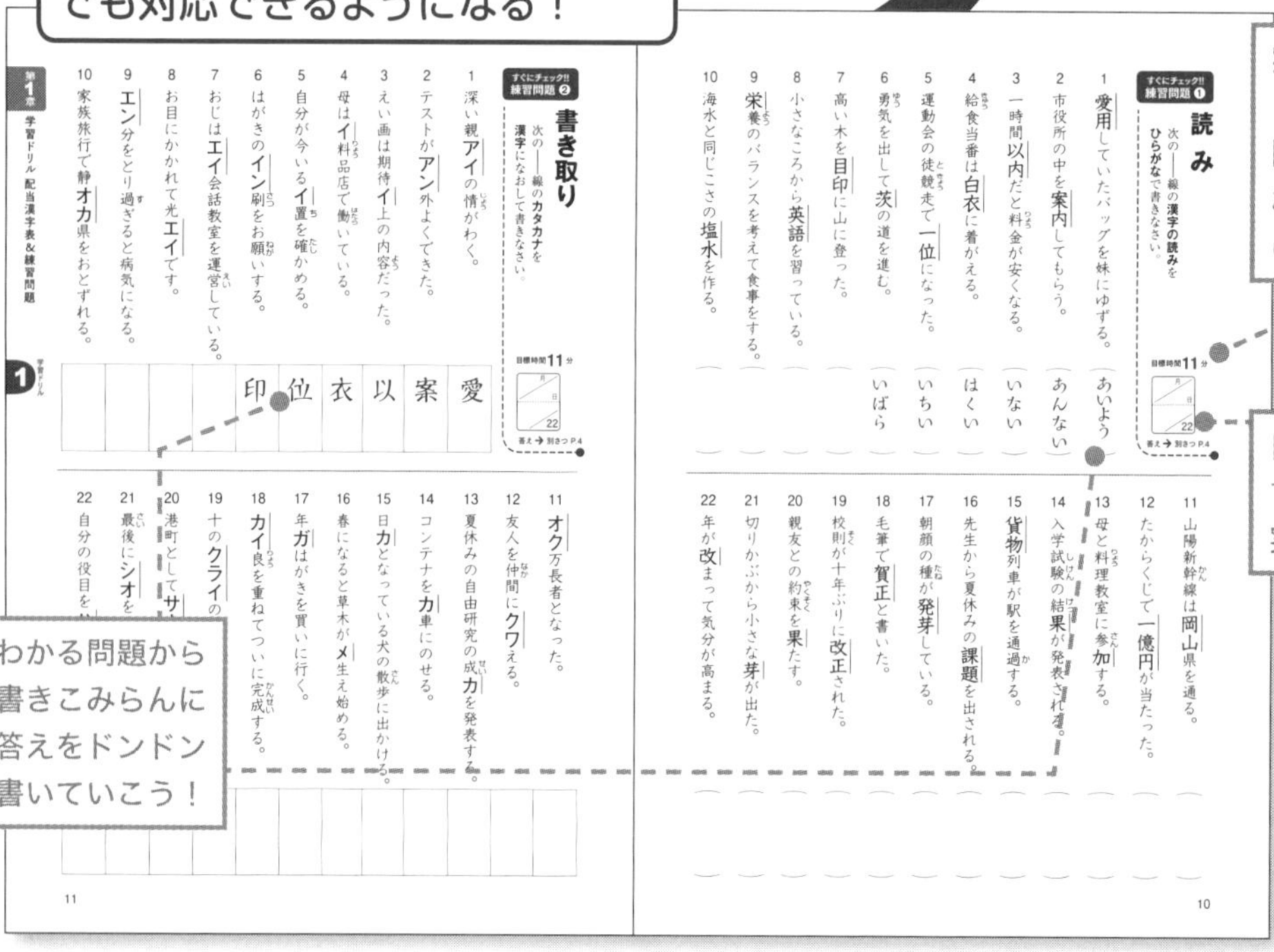

実際の試験の時間(60分)から目標時間を計算。時間どおりにとけば本番に強くなる！

日付と点数を書いて、実力アップを実感しよう！

わかる問題から書きこみらんに答えをドンドン書いていこう！

「まとめテスト」1、2、3には送りがなや対義《ぎ》語の問題も出題

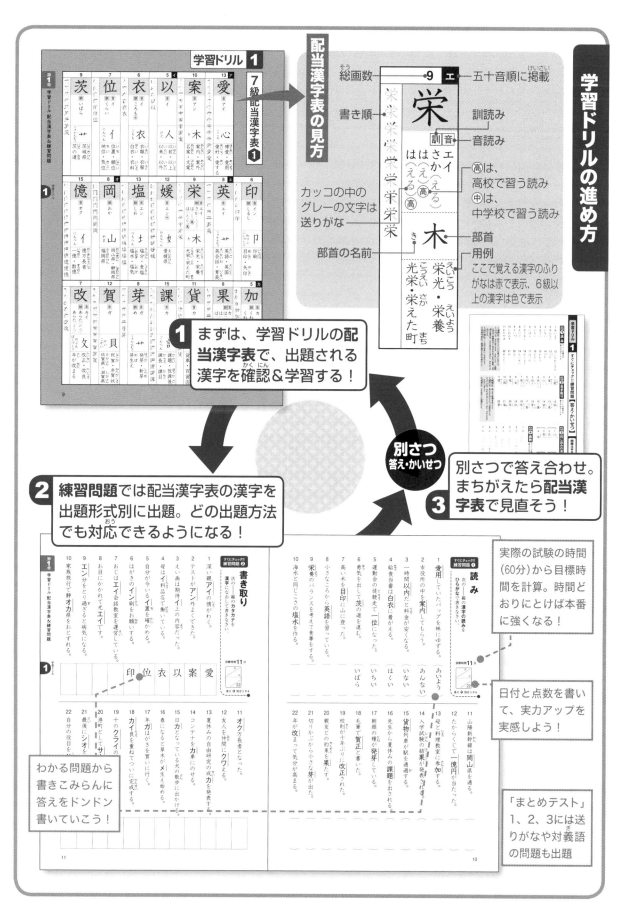

7級配当漢字表 1

索引	漢字	画数	読み	部首	用例
ア	愛	13	音 アイ	心 こころ	博愛《はくあい》・愛用《あいよう》 愛好《あいこう》・愛《あい》する
	案	10	音 アン	木 き	案内《あんない》・案外《あんがい》 名案《めいあん》・文案《ぶんあん》
イ	以	5	音 イ	人 ひと	以前《いぜん》・以上《いじょう》 以来《いらい》・以外《いがい》
	衣	6	音 イ 訓 ころも㊥	衣 ころも	衣類《いるい》・衣服《いふく》 白衣《はくい》・衣料《いりょう》
	位	7	音 イ 訓 くらい	亻 にんべん	位置《いち》・順位《じゅんい》 地位《ちい》・気位《きぐらい》
	茨	9	訓 いばら	艹 くさかんむり	茨城県《いばらきけん》 茨《いばら》の道《みち》
	印	6	音 イン 訓 しるし	卩 わりふ ふしづくり	印刷《いんさつ》 目印《めじるし》・矢印《やじるし》
エ	英	8	音 エイ	艹 くさかんむり	英語《えいご》・英国《えいこく》 英会話《えいかいわ》・育英《いくえい》
	栄	9	音 エイ 訓 さか(える) は(え)㊫ は(える)㊫	木 き	栄光《えいこう》・栄養《えいよう》 光栄《こうえい》・栄《さか》えた町《まち》
	媛	12	音 エン㊥	女 おんなへん	愛媛県《えひめけん》
	塩	13	音 エン 訓 しお	土 つちへん	塩分《えんぶん》・食塩《しょくえん》 塩水《しおみず》・塩気《しおけ》
オ	岡	8	訓 おか	山 やま	岡山県《おかやまけん》・静岡県《しずおかけん》 福岡県《ふくおかけん》
	億	15	音 オク	亻 にんべん	億万長者《おくまんちょうじゃ》 一億《いちおく》・数億《すうおく》
カ	加	5	音 カ 訓 くわ(える) くわ(わる)	力 ちから	加入《かにゅう》・参加《さんか》 力《ちから》を加《くわ》える
	果	8	音 カ 訓 は(たす) は(てる) は(て)	木 き	果実《かじつ》・結果《けっか》 成果《せいか》・地《ち》の果《は》て
	貨	11	音 カ	貝 かい こがい	金貨《きんか》・貨物船《かもつせん》 貨車《かしゃ》・百貨店《ひゃっかてん》
	課	15	音 カ	言 ごんべん	課題《かだい》・放課後《ほうかご》 課長《かちょう》・課目《かもく》
	芽	8	音 ガ 訓 め	艹 くさかんむり	発芽《はつが》・新芽《しんめ》 芽生《めば》え
	賀	12	音 ガ	貝 かい こがい	祝賀《しゅくが》・年賀状《ねんがじょう》 佐賀県《さがけん》・滋賀県《しがけん》
	改	7	音 カイ 訓 あらた(める) あらた(まる)	攵 のぶん ぼくづくり	改正《かいせい》・改良《かいりょう》 年《とし》が改《あらた》まる

すぐにチェック!!
練習問題 ❶

読み

次の——線の**漢字の読み**を**ひらがな**で書きなさい。

目標時間**11**分

月　日　/22

答え→別さつ P.4

1 **愛用**していたバッグを妹にゆずる。

2 市役所の中を**案内**してもらう。

3 一時間**以内**だと料《りょう》金が安くなる。

4 給《きゅう》食当番は**白衣**に着がえる。

5 運動会の徒《と》競《きょう》走で**一位**になった。

6 勇《ゆう》気を出して**茨**の道を進む。

7 高い木を**目印**に山に登った。

8 小さなころから**英語**を習っている。

9 **栄**養《よう》のバランスを考えて食事をする。

10 海水と同じこさの**塩水**を作る。

11 山陽新幹《かん》線は**岡山**県を通る。

12 たからくじで**一億円**が当たった。

13 母と料《りょう》理教室に参《さん》**加**する。

14 入学試《し》験《けん》の結《けっ》**果**が発表される。

15 **貨物**列車が駅を通過《か》する。

16 先生から夏休みの**課題**を出される。

17 朝顔の種《たね》が**発芽**している。

18 毛筆で**賀正**と書いた。

19 校則《そく》が十年ぶりに**改正**された。

20 親友との約束《やくそく》を**果**たす。

21 切りかぶから小さな**芽**が出た。

22 年が**改**まって気分が高まる。

すぐにチェック!! 練習問題❷

書き取り

次の——線のカタカナを漢字になおして書きなさい。

目標時間11分

月 日

22

答え → 別さつ P.4

1 深い親アイの情《じょう》がわく。
2 テストがアン外よくできた。
3 えい画は期待イ上の内容《よう》だった。
4 母はイ料《りょう》品店で働《はたら》いている。
5 自分が今いるイ置《ち》を確《たし》かめる。
6 はがきのイン刷《さつ》をお願《ねが》いする。
7 おじはエイ会話教室を運営《えい》している。
8 お目にかかれて光エイです。
9 エン分をとり過《す》ぎると病気になる。
10 家族旅行で静オカ県をおとずれる。

11 オク万長者となった。
12 友人を仲《なか》間にクワえる。
13 夏休みの自由研究の成《せい》カを発表する。
14 コンテナをカ車にのせる。
15 日カとなっている犬の散《さん》歩に出かける。
16 春になると草木がメ生え始める。
17 年ガはがきを買いに行く。
18 カイ良《りょう》を重ねてついに完成《かんせい》する。
19 十のクライのかけ算をする。
20 港町としてサカえた場所に行く。
21 最《さい》後にシオを入れて味をととのえる。
22 自分の役目をハたしてほっとする。

すぐにチェック!!
練習問題③

同じ読みの漢字

次の――線の**カタカナ**を**漢字**になおして書きなさい。

1 家族**イ**外の面会は禁《きん》止されている。
2 姉は**イ**服のデザイナーをしている。

3 イギリスを**エイ**国と表記する。
4 校長先生にほめられて光**エイ**だ。

5 世界中の通**カ**を集めている。
6 三種類《しゅるい》の**カ**実からジュースを作る。

7 発**ガ**の過程《かてい》を観察《かんさつ》する。
8 年**ガ**のあいさつをする。

目標時間**4**分
月　日　/8
答え→別さつ P.4

すぐにチェック!!
練習問題④

画数

問1、**問2**に**算用数字**(1、2、3…)で答えなさい。

問1 次の漢字の**赤い画**のところは**筆順の何画目**ですか。

〈例〉雨……(4)何画目

1 愛（　）
2 案（　）
3 以（　）
4 印（　）
5 加（　）
6 果（　）
7 芽（　）

問2 次の漢字の**総**《そう》**画数**は**何画**ですか。

〈例〉歌……(14)総画数

8 愛（　）
9 以（　）
10 英（　）
11 塩（　）
12 億（　）
13 貨（　）
14 改（　）

目標時間**7**分
月　日　/14
答え→別さつ P.4

7級配当漢字表 2

漢字	画数	音	訓	部首	用例
カ					
械	11	カイ		木（きへん）	機械《きかい》・器械《きかい》 工作機械《こうさくきかい》
害	10	ガイ		宀（うかんむり）	水害《すいがい》・有害《ゆうがい》 薬害《やくがい》・害虫《がいちゅう》
街	12	ガイ カイ㊥	まち	行（ぎょうがまえ ゆきがまえ）	街灯《がいとう》・商店街《しょうてんがい》 市街《しがい》・街角《まちかど》
各	6	カク	おのおの㊫	口（くち）	各自《かくじ》・各人《かくじん》 各地《かくち》・各駅《かくえき》
覚	12	カク	おぼ(える) さ(ます) さ(める)	見（みる）	感覚《かんかく》・味覚《みかく》 見覚《みおぼ》え・目覚《めざ》め
潟	15		かた	氵（さんずい）	新潟県《にいがたけん》
完	7	カン		宀（うかんむり）	完成《かんせい》・完全《かんぜん》 完敗《かんぱい》・未完《みかん》
官	8	カン		宀（うかんむり）	長官《ちょうかん》・器官《きかん》 外交官《がいこうかん》
管	14	カン	くだ	⺮（たけかんむり）	管理《かんり》・水道管《すいどうかん》 管楽器《かんがっき》
関	14	カン	せき かか(わる)	門（もんがまえ）	関係《かんけい》・機関《きかん》 関所《せきしょ》
観	18	カン		見（みる）	観察《かんさつ》・参観《さんかん》 観光《かんこう》
願	19	ガン	ねが(う)	頁（おおがい）	願望《がんぼう》・願書《がんしょ》 念願《ねんがん》・願《ねが》い事《ごと》
キ					
岐	7	キ㊥		山（やまへん）	岐阜県《ぎふけん》
希	7	キ		巾（はば）	希望《きぼう》・希求《ききゅう》 希少《きしょう》・古希《こき》
季	8	キ		子（こ）	季節《きせつ》・四季《しき》 雨季《うき》・年季《ねんき》
旗	14	キ	はた	方（ほうへん かたへん）	旗手《きしゅ》・国旗《こっき》 校旗《こうき》・旗日《はたび》
器	15	キ	うつわ㊥	口（くち）	器官《きかん》・器具《きぐ》 楽器《がっき》・容器《ようき》
機	16	キ	はた㊥	木（きへん）	機械《きかい》・機転《きてん》 動機《どうき》・飛行機《ひこうき》
議	20	ギ		言（ごんべん）	議長《ぎちょう》・議題《ぎだい》 議員《ぎいん》・会議《かいぎ》
求	7	キュウ	もと(める)	水（みず）	要求《ようきゅう》・求人《きゅうじん》 水《みず》を求《もと》める

すぐにチェック!!
練習問題 ❶

読み

次の——線の**漢字の読み**を**ひらがな**で書きなさい。

目標時間 **11** 分

月 日 /22

答え → 別さつ P.5

1 工作機械の部品を作る工場を見学した。

2 公害の歴史《れきし》を勉強する。

3 街灯《とう》が夜の町を明るくする。

4 防災訓練《ぼうさいくんれん》が各地で開かれた。

5 音楽の時間に外国語の歌を覚える。

6 新潟県は米の産地《さんち》だ。

7 来月には新しい植物園が完成《せい》する。

8 けい察《さつ》官が交差《さ》点に立っている。

9 手首に血管がうき上がる。

10 アフリカのニュースに関心を持つ。

11 客観的《てき》な意見を言う。

12 中学校の入学願書を提《てい》出する。

13 明るい希望《ぼう》をいだいて入学する。

14 四季折折《おりおり》の花を楽しめる公園に行く。

15 オリンピックの旗手に選《えら》ばれる。

16 カスタネットは打楽器だ。

17 絶好《ぜっこう》の機会をのがさなかった。

18 世界の代表が集まって会議を行う。

19 エコキャップ運動の協《きょう》力を求める。

20 秋の味覚といえばサンマだ。

21 すき間を見つけて管を通す。

22 世界の国旗がかかげられている。

すぐにチェック!!
練習問題 ❷

書き取り

次の——線の**カタカナ**を**漢字**になおして書きなさい。

目標時間 11 分

月 日

/22

答え → 別さつ P.5

1 中学では器**カイ**体そうを習いたい。

2 花についた**ガイ**虫を取りのぞく。

3 多くの人で商店**ガイ**がにぎわう。

4 紙とペンは**カク**自で用意する。

5 寒さで指の感**カク**が失《うしな》われる。

6 病気が**カン**治《ち》するまで一週間かかる。

7 試験《しけん》**カン**が問題用紙を配った。

8 トランペットは金**カン**楽器だ。

9 父は貿易《ぼうえき》**カン**係の仕事をしている。

10 **カン**光客が道をたずねてきた。

11 念《ねん》**ガン**がかなって外国に住んでいる。

12 **キ**少動物を見ることができた。

13 一番好《す》きな**キ**節《せつ》は春だ。

14 **ハタ**をふってチームを応《おう》えんする。

15 新しい調理**キ**具で夕食を作る。

16 初《はじ》めて飛《ひ》行**キ**に乗る。

17 今日は**ギ**員会館を見学する。

18 ボランティア活動の**キュウ**人がある。

19 **マチ**角に男性《せい》が立っている。

20 教育に**カカ**わる仕事をしたい。

21 神社に行って**ネガ**い事をする。

22 世界の国**キ**をノートにえがく。

すぐにチェック!!
練習問題 ❸

同じ読みの漢字

次の――線の**カタカナ**を**漢字**になおして書きなさい。

目標時間**4**分

月　日　/8

答え → 別さつ P.5

1 水**ガイ**に備《そな》えてひなん訓《くん》練をする。
2 ビルの屋上から市**ガイ**地を見下ろす。

3 不《ふ》**カク**にも笑《わら》ってしまった。
4 **カク**駅停《てい》車の電車に乗った。

5 実験《けん》で試験《しけん》**カン**を熱《ねっ》した。
6 カブトムシの**カン**察《さつ》日記を書く。

7 **キ**転を利《き》かせて切りぬける。
8 **キ**望《ぼう》を聞いてから実行する。

すぐにチェック!!
練習問題 ❹

画数

問1、**問2**に**算用数字**（1、2、3…）で答えなさい。

目標時間**7**分

月　日　/14

答え → 別さつ P.5

問1 次の漢字の**赤い画**のところは**筆順の何画目**ですか。

〈例〉雨……（4）何画目

1 街（　）
2 関（　）
3 観（　）
4 希（　）
5 旗（　）
6 器（　）
7 機（　）

問2 次の漢字の**総《そう》画数**は**何画**ですか。

〈例〉歌……（14）総画数

8 覚（　）
9 管（　）
10 願（　）
11 季（　）
12 害（　）
13 潟（　）
14 議（　）

7級配当漢字表 3

漢字	画数	音	訓	部首	用例
泣	8 キ	キュウ(中)	な(く)	氵 さんずい	泣《な》き虫《むし》・泣《な》き声《ごえ》 泣《な》き言《ごと》
給	12	キュウ		糸 いとへん	給食《きゅうしょく》・給水《きゅうすい》 給料《きゅうりょう》・時給《じきゅう》
挙	10	キョ	あ(げる) あ(がる)	手 て	選挙《せんきょ》・挙手《きょしゅ》 式《しき》を挙《あ》げる
漁	14	ギョ リョウ		氵 さんずい	漁船《ぎょせん》・大漁《たいりょう》 漁業《ぎょぎょう》・漁港《ぎょこう》
共	6	キョウ	とも	八 は	共通《きょうつう》・公共《こうきょう》 共感《きょうかん》・共食《ともぐ》い
協	8	キョウ		十 じゅう	協力《きょうりょく》・協和《きょうわ》 協会《きょうかい》・協議《きょうぎ》
鏡	19	キョウ	かがみ	金 かねへん	鏡台《きょうだい》・鏡面《きょうめん》 望遠鏡《ぼうえんきょう》・手鏡《てかがみ》
競	20	キョウ ケイ	きそ(う)(中) せ(る)(高)	立 たつ	競争《きょうそう》・競走《きょうそう》 競馬《けいば》・競輪《けいりん》
極	12	キョク ゴク(中)	きわ(める)(中) きわ(まる)(中) きわ(み)(中)	木 きへん	南極《なんきょく》・北極星《ほっきょくせい》 積極的《せっきょくてき》
熊	14 ク		くま	灬 れんが れっか	熊手《くまで》 熊本県《くまもとけん》
訓	10	クン		言 ごんべん	訓練《くんれん》・訓話《くんわ》 特訓《とっくん》・音訓《おんくん》
軍	9	グン		車 くるま	軍人《ぐんじん》・軍手《ぐんて》 陸軍《りくぐん》・海軍《かいぐん》
郡	10	グン		阝 おおざと	郡部《ぐんぶ》・郡内《ぐんない》 郡司《ぐんじ》
群	13	グン	む(れる) む(れ) むら	羊 ひつじ	大群《たいぐん》・魚《さかな》の群《む》れ 群馬県《ぐんまけん》
径	8 ケ	ケイ		彳 ぎょうにんべん	径路《けいろ》・直径《ちょっけい》 半径《はんけい》・口径《こうけい》
景	12	ケイ		日 ひ	風景《ふうけい》・光景《こうけい》 雪景色《ゆきげしき》
芸	7	ゲイ		艹 くさかんむり	園芸《えんげい》・学芸会《がくげいかい》 手芸《しゅげい》・民芸品《みんげいひん》
欠	4	ケツ	か(ける) か(く)	欠 あくび かける	欠席《けっせき》・欠点《けってん》 病欠《びょうけつ》・欠《か》けら
結	12	ケツ	むす(ぶ) ゆ(う)(中) ゆ(わえる)(中)	糸 いとへん	直結《ちょっけつ》・結末《けつまつ》 結果《けっか》・話《はなし》を結《むす》ぶ

すぐにチェック!!
練習問題 ①

読み

次の——線の**漢字の読み**を**ひらがな**で書きなさい。

目標時間 11 分

月　日

/22

答え → 別さつ P.6

1 テレビドラマに感動して**泣**いた。

2 今日の**給食**はカレーライスだ。

3 姉は教会で**挙式**する予定だ。

4 学校の帰りに**漁港**に立ち寄《よ》る。

5 **公共**の場所ではさわがない。

6 課外活動で新聞**協会**をたずねる。

7 **鏡台**の前で身なりを整える。

8 百メートル**競走**で一番になった。

9 **北極**けんでオーロラを見る。

10 動物園で**熊**を見た。

11 今月は災《さい》害の**訓練**をする。

12 プロ野球の**一軍**がキャンプをしている。

13 二つの**郡**が合ぺいして市になった。

14 外国でイナゴの**大群**が確《かく》にんされた。

15 コンパスで**半径**五センチの円をえがく。

16 見たことのない**光景**が広がる。

17 **学芸**員によるガイドツアーがある。

18 ガラスの**欠**けらを拾い集める。

19 税率《ぜいりつ》は生活に**直結**する問題だ。

20 海からもどって**大漁**を祝う。

21 **手鏡**を使ってかみの毛をとかす。

22 漢字の**訓**読みを勉強する。

すぐにチェック!!
練習問題❷

書き取り

次の――線の**カタカナ**を**漢字**になおして書きなさい。

目標時間 11 分

月 日 /22

答え → 別さつ P.6

1 小さいころは**ナ**き虫だった。

2 マラソン大会で**キュウ**水を手伝《つだ》う。

3 わかった人は**キョ**手をする。

4 **ギョ**業で生計を立てている。

5 アメリカに**キョウ**通の友人がいる。

6 二つの国に**キョウ**定が成《せい》立した。

7 望《ぼう》遠**キョウ**で夜空をながめる。

8 運動会の徒《と》**キョウ**走に出場する。

9 大きな声で積《せっ》**キョク**的《てき》に話しかける。

10 **クマ**手を使って落ち葉を集める。

11 わが家の家**クン**は「人にやさしく」だ。

12 **グン**手をはめて草取りをする。

13 市部と**グン**部の間に川が流れている。

14 象《ぞう》は**ム**れで行動する。

15 レンズの大きさは口**ケイ**という単《たん》位で表す。

16 **ケイ**気が回復《ふく》して生活が楽になる。

17 サーカスでぞうの曲**ゲイ**を見る。

18 かぜを引いて授《じゅ》業を**ケッ**席《せき》する。

19 **ケッ**局、友人とは駅で別《わか》れた。

20 具体例《れい》を**ア**げて説《せつ》明する。

21 **カガミ**にうつる人を見つめる。

22 二本のロープをしっかり**ムス**ぶ。

すぐにチェック!! 練習問題❸

同じ読みの漢字

次の——線のカタカナを漢字になおして書きなさい。

目標時間4分

月 日 /8

答え → 別さつ P.6

1 全員でキョウ力して大そうじをする。
2 男女キョウ学の学校に通っている。

3 グン手をつけて荷物を運ぶ。
4 バッタの大グンにおそわれた。

5 直ケイから円周《しゅう》を求める。
6 自然《ぜん》の美しい風ケイをながめる。

7 だれにでもケッ点はある。
8 意外なケッ果におどろいている。

すぐにチェック!! 練習問題❹

画数

問1、問2に算用数字（1、2、3…）で答えなさい。

目標時間7分

月 日 /14

答え → 別さつ P.6

問1 次の漢字の赤い画のところは筆順の何画目ですか。

〈例〉 雨……（4）何画目

1 挙（　）
2 協（　）
3 鏡（　）
4 極（　）
5 熊（　）
6 軍（　）
7 郡（　）

問2 次の漢字の総《そう》画数は何画ですか。

〈例〉 歌……（14）総画数

8 給（　）
9 漁（　）
10 競（　）
11 群（　）
12 景（　）
13 芸（　）
14 結（　）

7級配当漢字表④

漢字	画数	音	訓	部首	用例
ケ 建	9	ケン、コン(高)	た(てる)、た(つ)	廴 えんにょう	建国《けんこく》・建材《けんざい》、建物《たてもの》・家《いえ》が建《た》つ
健	11	ケン	すこ(やか)(中)	亻 にんべん	健康《けんこう》・健全《けんぜん》、健勝《けんしょう》・強健《きょうけん》
験	18	ケン、ゲン(高)		馬 うまへん	実験《じっけん》・体験《たいけん》、試験《しけん》・受験《じゅけん》
コ 固	8	コ	かた(める)、かた(まる)、かた(い)	囗 くにがまえ	固体《こたい》・固定《こてい》、土《つち》で固《かた》める
功	5	コウ、ク(高)		力 ちから	功労《こうろう》・功名《こうみょう》、成功《せいこう》・年功《ねんこう》
好	6	コウ	この(む)、す(く)	女 おんなへん	友好《ゆうこう》・好意《こうい》、好物《こうぶつ》・良好《りょうこう》
香	9	コウ(中)、キョウ(高)	か、かお(り)、かお(る)	香 か かおり	良《よ》い香《かお》り、香川県《かがわけん》
候	10	コウ	そうろう(高)	亻 にんべん	天候《てんこう》・気候《きこう》、時候《じこう》・兆候《ちょうこう》
康	11	コウ		广 まだれ	健康《けんこう》・不健康《ふけんこう》、小康《しょうこう》
サ 佐	7	サ		亻 にんべん	大佐《たいさ》、佐賀県《さがけん》
差	10	サ	さ(す)	工 たくみ え	差別《さべつ》・交差点《こうさてん》、大差《たいさ》・日差《ひざ》し
菜	11	サイ	な	艹 くさかんむり	菜食《さいしょく》・野菜《やさい》、白菜《はくさい》・青菜《あおな》
最	12	サイ	もっと(も)	曰 ひらび いわく	最初《さいしょ》・最近《さいきん》、最終《さいしゅう》・最《もっと》も良《よ》い
埼	11		さい	土 つちへん	埼玉県《さいたまけん》
材	7	ザイ		木 きへん	取材《しゅざい》・材木《ざいもく》、題材《だいざい》・機材《きざい》
崎	11		さき	山 やまへん	長崎県《ながさきけん》、宮崎県《みやざきけん》
昨	9	サク		日 ひへん	昨日《さくじつ》・昨年《さくねん》、昨夜《さくや》・一昨日《いっさくじつ》
札	5	サツ	ふだ	木 きへん	札束《さつたば》・表札《ひょうさつ》、新札《しんさつ》・名札《なふだ》
刷	8	サツ	す(る)	刂 りっとう	刷新《さっしん》・印刷《いんさつ》、色刷《いろず》り
察	14	サツ		宀 うかんむり	察知《さっち》・観察《かんさつ》、考察《こうさつ》・明察《めいさつ》

すぐにチェック!!
練習問題 1

読み

次の──線の**漢字の読み**を**ひらがな**で書きなさい。

目標時間 11 分

月　日

/22

答え → 別さつ P.7

1 新しい学校を**建**てる計画がある。

2 **健全**な教育を受ける。

3 夏休みにシュノーケリングを**体験**した。

4 **固体**は気体に比《くら》べて変《へん》形しにくい。

5 祖《そ》父は長年の**功**労《ろう》がみとめられた。

6 チームは**好調**を保《たも》っている。

7 良い**香**りをかいでリラックスする。

8 手紙に**時候**のあいさつを書く。

9 肉ばかり食べていては**不健康**だ。

10 **大佐**は軍隊《たい》の階級の一つだ。

11 **大差**がないことを「五十歩百歩」という。

12 **野菜**中心の食生活を心がける。

13 テストで百点を取って**最高**の気分だ。

14 兄は**埼玉**県の学校に通っている。

15 工場に**材木**が運びこまれる。

16 旅行で**長崎**県をおとずれる。

17 **昨夜**から強い雨がふっている。

18 遊泳禁《きん》止の立て**札**がさされている。

19 選《せん》挙制《せい》度が**刷新**された。

20 先生がテスト結果を**考察**している。

21 あまい物を**好**んで食べる。

22 世界で**最**も高い山はエベレストだ。

すぐにチェック!!
練習問題 ❷

書き取り

次の——線の**カタカナ**を**漢字**になおして書きなさい。

目標時間 **11** 分

月 日 /22

答え → 別さつ P.7

1 西洋風の**タテ**物がならんでいる。

2 **ケン**康のために毎朝ランニングをする。

3 理科の授《じゅ》業で実**ケン**室に入る。

4 強**コ**な意志《し》と知性《せい》が問われる問題だ。

5 実業家と作家の両方で成《せい》**コウ**している。

6 弟の**コウ**物はパスタだ。

7 **カオ**りの感じ方には個《こ》人差がある。

8 悪天**コウ**のためゲームが中止になった。

9 悪化した病気が小**コウ**を保《たも》っている。

10 じゅう道には無《む》**サ**別《べつ》級の大会がある。

11 台所で青**ナ**をいためる。

12 今日は今年**サイ**初《しょ》の雨の日になった。

13 絵をえがくため画**ザイ**を用意する。

14 **サク**年、庭に木を三本植えた。

15 新しい名**フダ**を付《つ》けて学校に行く。

16 旅行の予定表を印**サツ**する。

17 うそを事前に**サッ**知する。

18 水を入れてコンクリートを**カタ**める。

19 家ではめん類《るい》を**コノ**んで食べる。

20 東京都は都道府《ふ》県で**モット**も人口が多い。

21 新しい表**サツ**を注文する。

22 手書きのチラシを百枚**ス**る。

すぐにチェック!!
練習問題 ❸

同じ読みの漢字

次の——線の**カタカナ**を**漢字**になおして書きなさい。

目標時間**4**分

答え → 別さつ P.7

1 運動会は**コウ**天にめぐまれた。
2 気**コウ**の変《へん》化がはげしい地方だ。

3 白**サイ**をごま油でいためる。
4 **サイ**後までがんばって走る。

5 新**サツ**を財布《さいふ》に入れる。
6 ひまわりの観**サツ**日記を書く。

7 今日は**ケン**国記念《ねん》日だ。
8 兄は受**ケン**勉強で必《ひっ》死だ。

すぐにチェック!!
練習問題 ❹

画数

問1、**問2**に**算用数字**（1、2、3…）で答えなさい。

目標時間**7**分

答え → 別さつ P.7

問1 次の漢字の**赤い画**のところは**筆順の何画目**ですか。

〈例〉 雨……（ 4 ）何画目

1 固（　）
2 候（　）
3 健（　）
4 菜（　）
5 昨（　）
6 刷（　）
7 験（　）

問2 次の漢字の**総《そう》画数**は**何画**ですか。

〈例〉 歌……（ 14 ）総画数

8 康（　）
9 差（　）
10 最（　）
11 香（　）
12 察（　）
13 埼（　）
14 建（　）

すぐにチェック!! 練習問題❶

漢字と送りがな

次の――線のカタカナを○の中の漢字と送りがな(ひらがな)で書きなさい。

目標時間4分

月　日　/8

答え→別さつ P.8

1 加　文章に修《しゅう》正をクワエル。

2 改　今までの態《たい》度をアラタメル。

3 覚　はしの使い方をオボエル。

4 願　家族の健康をネガウ。

5 求　平和をモトメル声が高まる。

6 結　気のきいた言葉でムスブ。

7 固　受験をする決心をカタメル。

8 好　母はあまい食べ物をコノム。

すぐにチェック!! 練習問題❷

対義語《ぎ》

次の□のひらがなにしたがって、意味が反対や対《つい》になることば(対義《ぎ》語)を書きなさい。

目標時間6分

月　日　/12

答え→別さつ P.8

1 予想 ↕ 結□《か》

2 失望《しつぼう》 ↕ □《き》望

3 笑《わら》う ↕ □《な》く

4 対立 ↕ □《きょう》調

5 音読み ↕ □《くん》読み

6 満《み》ちる ↕ □《か》ける

7 病気 ↕ □《けん》康

8 失敗《しっぱい》 ↕ 成《せい》□《こう》

9 悪意 ↕ □《こう》意

10 平行 ↕ 交□《さ》

11 来年 ↕ □《さく》年

12 実験 ↕ 観□《さつ》

すぐにチェック!!
練習問題 ❸

同じ部首のなかまの漢字

次の**部首名のなかまの漢字**で□にあてはまる**漢字一字**を書きなさい。

目標時間**6**分

月　日　／12

答え → 別さつ P.8

〈例〉言（ごんべん）……詩《し》・集・合・計《けい》

ア 木（き）
図 [1]《あん》・[2]《えい》光
[3]《か》実・音[4]《がく》

イ イ（にんべん）
地[5]《い》・一[6]《おく》
[7]《けん》康・天[8]《こう》

ウ 艹（くさかんむり）
[9]《えい》語・新[10]《め》
手[11]《げい》・山[12]《さい》

すぐにチェック!!
練習問題 ❹

漢字えらび

次の――線の**カタカナ**に合う**漢字**を選んで**記号**で書きなさい。

目標時間**4**分

月　日　／7

答え → 別さつ P.8

1 食品工場の見学で白**イ**を着用する。
（ア 位　イ 衣　ウ 以）（　　）

2 練習の成《せい》**力**をはっきりした。
（ア 貨　イ 加　ウ 果）（　　）

3 外交**カン**として日本の平和を守る。
（ア 管　イ 完　ウ 官）（　　）

4 **キ**械体そうの選《せん》手になりたい。
（ア 器　イ 機　ウ 旗）（　　）

5 農家の仕事を体**ケン**する。
（ア 健　イ 建　ウ 験）（　　）

6 ソフトテニスの同**コウ**会に入る。
（ア 好　イ 功　ウ 候）（　　）

7 データに基《もと》づいて考**サツ**する。
（ア 札　イ 察　ウ 刷）（　　）

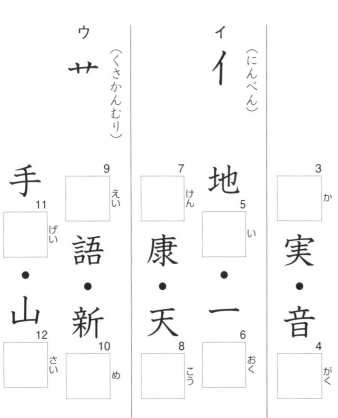

7級配当漢字表 5

画数	漢字	音	訓	部首	用例
8 (サ)	参	サン	まい(る)	ム（む）	参加《さんか》・持参《じさん》／お寺《てら》に参《まい》る
11	産	サン	う(む)、う(まれる)、うぶ㊫	生（うまれる）	産業《さんぎょう》・国産《こくさん》／生産《せいさん》・産《う》み月《づき》
12	散	サン	ち(る)、ち(らす)、ち(らかす)、ち(らかる)	攵（のぶん・ぼくづくり）	分散《ぶんさん》・散歩《さんぽ》／花《はな》が散《ち》る
10	残	ザン	のこ(る)、のこ(す)	歹（かばねへん・いちたへん・がつへん）	残念《ざんねん》・残業《ざんぎょう》／無残《むざん》・残《のこ》り物《もの》
4 (シ)	氏	シ	うじ㊥	氏（うじ）	氏名《しめい》・氏族《しぞく》
5	司	シ		口（くち）	司会《しかい》・司法《しほう》／上司《じょうし》・行司《ぎょうじ》
13	試	シ	こころ(みる)、ため(す)㊥	言（ごんべん）	試合《しあい》・試験管《しけんかん》／試着《しちゃく》・試《こころ》み
7	児	ジ、ニ㊥		儿（ひとあし・にんにょう）	児童《じどう》・育児《いくじ》／園児《えんじ》・男児《だんじ》
8	治	ジ、チ	おさ(める)、おさ(まる)、なお(る)、なお(す)	氵（さんずい）	治安《ちあん》・自治会《じちかい》／全治《ぜんち》・治水《ちすい》／国《くに》を治《おさ》める
12	滋	ジ㊥		氵（さんずい）	滋賀県《しがけん》
13	辞	ジ	や(める)㊥	辛（からい）	辞書《じしょ》・辞典《じてん》／辞表《じひょう》・式辞《しきじ》
11	鹿		しか、か	鹿（しか）	鹿《しか》・鹿の子《かのこ》／鹿児島県《かごしまけん》
5	失	シツ	うしな(う)	大（だい）	失望《しつぼう》・失礼《しつれい》／失敗《しっぱい》・見失《みうしな》う
10	借	シャク	か(りる)	亻（にんべん）	借用《しゃくよう》・借金《しゃっきん》／借《か》り物《もの》・前借《まえが》り
14	種	シュ	たね	禾（のぎへん）	種類《しゅるい》・品種《ひんしゅ》／種子《しゅし》・種目《しゅもく》
8	周	シュウ	まわ(り)	口（くち）	周辺《しゅうへん》・周知《しゅうち》／家《いえ》の周《まわ》り

すぐにチェック!!
練習問題 ❶

読み

次の──線の**漢字の読み**を**ひらがな**で書きなさい。

目標時間 **11** 分

月 日 / 22

答え → 別さつ P.9

1 妹といっしょに祖母《そ》の墓《はか》**参**りをする。（　　）

2 北陸《りく》地方の**産業**について調べる。（　　）

3 昨夜からの雨で桜《さくら》が**散**り始めている。（　　）

4 父は**残業**で毎日帰りがおそい。（　　）

5 **三氏**の意見がぴったり合った。（　　）

6 会議の**司会**を任《まか》される。（　　）

7 今日は漢字の書き取りの**試験**がある。（　　）

8 放課後に近くの**児童**公園で遊ぶ。（　　）

9 年老《お》いた国王が国を**治**める。（　　）

10 じゅく語の意味を**辞書**を使って調べる。（　　）

11 **鹿**がいる公園で記念《ねん》写真をとった。（　　）

12 星の**消失**は天文学的《てき》によくあることだ。（　　）

13 運動会の**借**り物競走に出る。（　　）

14 多くの**種**類《るい》のバラを育てている。（　　）

15 池の**周**りをゆっくり歩く。（　　）

16 大人数のグループが**分散**して行動した。（　　）

17 新しい**参考書**を買った。（　　）

18 **産**まれたばかりの子犬をもらう。（　　）

19 **全治**一か月のけがをした。（　　）

20 人ごみで友人を**見失**う。（　　）

21 めずらしい資料《し》を**借用**する。（　　）

22 新しい制《せい》度を**周知**する。（　　）

すぐにチェック!!
練習問題 ❷

書き取り

次の——線のカタカナを漢字になおして書きなさい。

目標時間11分

月　日　/22

答え → 別さつ P.9

1 登山のツアーに一人でサン加する。

2 駅で名サン品のいちごが配られている。

3 毎日サン歩するコースは決まっている。

4 昨夜のノコり物で朝食を作る。

5 答案用紙にシ名を書く。

6 図書館でシ書に本をさがしてもらった。

7 過《か》去の入シ問題を解《と》いていく。

8 兄は育ジに積《せっ》極的《てき》だ。

9 日本はとてもチ安の良《よ》い国だ。

10 国語ジ典《てん》の使い方を教えてもらう。

11 大きな角を持つシカを見に行く。

12 お客様にシツ礼のないように応《おう》対する。

13 シャツ金をして大きな家を建てる。

14 シジュウカラはひまわりのシュ子が好物だ。

15 駅のシュウ辺《へん》に商店街がある。

16 神社はお宮マイりの人でにぎわう。

17 新しいココロみを実行に移《うつ》す。

18 歯のいたみがようやくオサまる。

19 マンション建設《せつ》で遊び場をウシナう。

20 図書館で時代小説《せつ》をカりる。

21 一年草のタネをまく。

22 家のマワりをジョギングする。

すぐにチェック!!
練習問題③

同じ読みの漢字

次の――線の**カタカナ**を**漢字**になおして書きなさい。

1 **シ**会者として式を進める。
2 スカートを**シ**着してから買う。

3 **ジ**表が受理された。
4 園**ジ**が横断《だん》歩道を歩いている。

5 次の競技《ぎ》**シュ**目はリレーだ。
6 梅《うめ》の実から梅《うめ》**シュ**を作る。

7 理科の**サン**考書を買う。
8 米と麦の生**サン**地を調べる。

目標時間4分
月 日
8

答え → 別さつ P.9

すぐにチェック!!
練習問題④

画数

問1、**問2**に**算用数字**（1、2、3…）で答えなさい。

問1 次の漢字の**赤い画**のところは**筆順の何画目**ですか。

〈例〉 雨……（4）何画目

1 産（　）
2 残（　）
3 試（　）
4 滋（　）
5 辞（　）
6 種（　）
7 周（　）

問2 次の漢字の**総**《そう》**画数**は**何画**ですか。

〈例〉 歌……（14）総画数

8 参（　）
9 散（　）
10 氏（　）
11 司（　）
12 児（　）
13 鹿（　）
14 借（　）

目標時間7分
月 日
14

答え → 別さつ P.9

7級配当漢字表 6

漢字	画数	音	訓	部首	用例
祝（シ）	9	シュク、シュウ(高)	いわ(う)	ネ しめすへん	祝日《しゅくじつ》・祝福《しゅくふく》、祝《いわ》い事《ごと》・前祝《まえいわ》い
順	12	ジュン		頁 おおがい	順位《じゅんい》・順番《じゅんばん》、順調《じゅんちょう》・道順《みちじゅん》
初	7	ショ	はじ(め)、はじ(めて)、はつ、そ(める)(中)、うい(高)	刀 かたな	初歩《しょほ》・最初《さいしょ》、初耳《はつみみ》・初雪《はつゆき》、初《はつ》もうで
松	8	ショウ	まつ	木 きへん	松竹梅《しょうちくばい》・松葉《まつば》、松原《まつばら》・松風《まつかぜ》
笑	10	ショウ(中)	わら(う)、え(む)(中)	⺮ たけかんむり	笑《わら》い声《ごえ》・笑《わら》い話《ばなし》、苦笑《にがわら》い
唱	11	ショウ	とな(える)	口 くちへん	合唱《がっしょう》・熱唱《ねっしょう》、新学説《しんがくせつ》を唱《とな》える
焼	12	ショウ(中)	や(く)、や(ける)	火 ひへん	夕焼《ゆうや》け・日焼《ひや》け、山焼《やまや》き
照	13	ショウ	て(る)、て(らす)、て(れる)	灬 れんが れっか	照明《しょうめい》・日照《にっしょう》、参照《さんしょう》・日照《ひで》り
城	9	ジョウ	しろ	土 つちへん	城門《じょうもん》・城下町《じょうかまち》、茨城県《いばらきけん》・宮城県《みやぎけん》
縄	15	ジョウ(中)	なわ	糸 いとへん	縄張《なわば》り、沖縄県《おきなわけん》
臣	7	シン、ジン		臣 しん	臣下《しんか》・家臣《かしん》、重臣《じゅうしん》・大臣《だいじん》
信	9	シン		亻 にんべん	信用《しんよう》・自信《じしん》、信号《しんごう》・通信《つうしん》
井（セ）	4	セイ(高)、ショウ(中)	い	二 に	井戸《いど》・福井県《ふくいけん》
成	6	セイ、ジョウ(高)	な(る)、な(す)	戈 ほこづくり ほこがまえ	成長《せいちょう》・成功《せいこう》、完成《かんせい》・成《な》り行《ゆ》き
省	9	セイ、ショウ	はぶ(く)、かえり(みる)(中)	目 め	反省《はんせい》・帰省《きせい》、手間《てま》を省《はぶ》く
清	11	セイ、ショウ(高)	きよ(い)、きよ(まる)、きよ(める)	氵 さんずい	清書《せいしょ》・清流《せいりゅう》、身《み》を清《きよ》める
静	14	セイ、ジョウ(中)	しず、しず(か)、しず(まる)、しず(める)	青 あお	静止《せいし》・冷静《れいせい》、安静《あんせい》・静養《せいよう》、静《しず》けさ

すぐにチェック!!
練習問題 1

読み

次の――線の**漢字の読み**を**ひらがな**で書きなさい。

目標時間 11 分

月 日 / 22

答え → 別さつ P.10

1 今度の**祝日**には遊園地へ行く予定だ。

2 迷《まよ》ったら**道順**を教えてもらう。

3 プールの**初級**コースで泳ぐ。

4 **松葉**色の上品なドレスを着る。

5 教室から**笑**い声が聞こえてくる。

6 市の**合唱**コンクールに出場する。

7 日に**焼**けないように注意する。

8 部屋の**照明**を少し明るくする。

9 旅先で古い**城門**を見学する。

10 動物の**縄**張《ば》り争《あらそ》いはきびしい。

11 **重臣**が集まって急な会議が開かれた。

12 友人の言葉を**信用**する。

13 **井戸**の中をのぞきこむ。

14 新しい野球場が間もなく**完成**する。

15 今日の失敗《ぱい》を**反省**し、明日につなげる。

16 山あいの**清流**でニジマスつりを楽しむ。

17 二階から**静**かな音楽が流れてくる。

18 家族で**初**もうでに出かける。

19 計画を立てずに**成**り行きで進める。

20 自動化することで作業の手間を**省**く。

21 冷《れい》水で身を**清**める。

22 冷《れい》**静**になって考えればミスを防《ふせ》げる。

すぐにチェック!! 練習問題 ❷

書き取り

次の――線のカタカナを漢字になおして書きなさい。

目標時間 11 分

月 日 /22

答え → 別さつ P.10

1 わかい二人の門出をシュク福する。
2 店にジュン番待ちの列ができている。
3 例《れい》年より少し早いハツ雪になった。
4 近くの神社には大きなマツの木がある。
5 つまらない話に苦ワラいをする。
6 国民的《みんてき》な愛ショウ歌を歌う。
7 火事で付《ふ》近が丸ヤけになった。
8 先生が作ったプリントを参ショウする。
9 ジョウ下町の歴史《れきし》と文化を調べる。
10 ナワをほどいて倉《そう》庫にしまう。

1	2	3	4	5	6	7	8	9	10

11 大ジンが記者の質《しつ》問に答える。
12 シン号を右に曲がるとふみ切りが見える。
13 ジェット機の試験飛《ひ》行にセイ功する。
14 都道府《ふ》県名をハブいて住所を記入する。
15 下書きを見ながらセイ書する。
16 しょう状《じょう》が治まるまで安セイにする。
17 家族で入学の前イワいをする。
18 フランス語のショ歩を学んでいる。
19 目をとじてお題目をトナえる。
20 真夏の日デりによって水不足《ぶ》になる。
21 ときにはナり行きに任《まか》せることも必要《ひつよう》だ。
22 演《えん》そうが始まって会場がシズまった。

11	12	13	14	15	16	17	18	19	20	21	22

すぐにチェック!!
練習問題 ③

同じ読みの漢字

次の――線の**カタカナ**を**漢字**になおして書きなさい。

目標時間**4**分

月　日　/8

答え → 別さつ P.10

1 コンクールの入賞を**シュク**福する。
2 夕食までに**シュク**題を終わらせる。

3 **ショウ**竹梅《ばい》はお祝いのときに使われる。
4 算数の学習で九九を暗**ショウ**する。

5 家**シン**にはそれぞれ役わりがある。
6 青**シン**号で横断《だん》歩道をわたる。

7 夏休みに父の実家に帰**セイ**する。
8 ゆっくり温せんで**セイ**養《よう》する。

すぐにチェック!!
練習問題 ④

画数

問1、**問2**に**算用数字**（1、2、3…）で答えなさい。

目標時間**7**分

月　日　/14

答え → 別さつ P.10

問1 次の漢字の**赤い画**のところは**筆順の何画目**ですか。

〈例〉雨……（4）何画目

1 祝（　　）
2 初（　　）
3 焼（　　）
4 城（　　）
5 縄（　　）
6 臣（　　）
7 成（　　）

問2 次の漢字の**総**《そう》**画数**は**何画**ですか。

〈例〉歌……（14）総画数

8 照（　　）
9 順（　　）
10 省（　　）
11 清（　　）
12 静（　　）
13 笑（　　）
14 唱（　　）

7級配当漢字表 7

漢字	画数	音	訓	部首	用例
席	10 セ	セキ		巾 はば	出席《しゅっせき》・打席《だせき》 空席《くうせき》・助手席《じょしゅせき》
積	16	セキ	つ(む) つ(もる)	禾 のぎへん	体積《たいせき》・積極的《せっきょくてき》 雪《ゆき》が積《つ》もる
折	7	セツ	お(る) おり お(れる)	扌 てへん	左折《させつ》・曲折《きょくせつ》 木《き》が折《お》れる
節	13	セツ セチ(高)	ふし	⺮ たけかんむり	節分《せつぶん》・節約《せつやく》 季節《きせつ》・節目《ふしめ》
説	14	セツ ゼイ(高)	と(く)	言 ごんべん	説明《せつめい》・説教《せっきょう》 伝説《でんせつ》・道《みち》を説《と》く
浅	9	セン(中)	あさ(い)	氵 さんずい	浅緑《あさみどり》・浅黒《あさぐろ》い 浅《あさ》はか・遠浅《とおあさ》
戦	13	セン	たたか(う) いくさ(中)	戈 ほこづくり ほこがまえ	作戦《さくせん》・熱戦《ねっせん》 合戦《かっせん》・悪《あく》と戦《たたか》う
選	15	セン	えら(ぶ)	辶 しんにょう しんにゅう	選手《せんしゅ》・選挙《せんきょ》 入選《にゅうせん》・品《しな》を選《えら》ぶ
然	12	ゼン ネン		灬 れんが れっか	自然《しぜん》・天然《てんねん》 整然《せいぜん》・当然《とうぜん》
争	6 ソ	ソウ	あらそ(う)	亅 はねぼう	争議《そうぎ》・競争《きょうそう》 戦争《せんそう》・口争《くちあらそ》い
倉	10	ソウ	くら	人 ひとやね	倉庫《そうこ》・倉荷《くらに》 船倉《せんそう》(ふなぐら)
巣	11	ソウ(高)	す	⺍ つかんむり	巣箱《すばこ》・巣作《すづく》り 巣立《すだ》ち・古巣《ふるす》
束	7	ソク	たば	木 き	結束《けっそく》・約束《やくそく》 花束《はなたば》・札束《さつたば》
側	11	ソク	がわ	亻 にんべん	側面《そくめん》・側線《そくせん》 内側《うちがわ》・両側《りょうがわ》
続	13	ゾク	つづ(く) つづ(ける)	糸 いとへん	連続《れんぞく》・続行《ぞっこう》 手続《てつづ》き
卒	8	ソツ		十 じゅう	卒業《そつぎょう》・高卒《こうそつ》 大卒《だいそつ》・新卒《しんそつ》
孫	10	ソン	まご	子 こへん	子孫《しそん》
帯	10 タ	タイ	お(びる) おび	巾 はば	包帯《ほうたい》・熱帯魚《ねったいぎょ》 一帯《いったい》・黒帯《くろおび》
隊	12	タイ		阝 こざとへん	兵隊《へいたい》・隊員《たいいん》 音楽隊《おんがくたい》
達	12	タツ		辶 しんにょう しんにゅう	発達《はったつ》・配達《はいたつ》 伝達《でんたつ》・友達《ともだち》

すぐにチェック!!
練習問題 ❶

読み

次の――線の**漢字の読み**を**ひらがな**で書きなさい。

目標時間 11 分

月 日

22

答え → 別さつ P.11

1 **客席**からかん声がわき起こる。

2 三角形の**面積**を求める問題だ。

3 オートバイが交差点を**左折**する。

4 **節分**の日に豆をまくのが習わしだ。

5 都市開発の必要性《ひつようせい》を**説**く。

6 母は**浅緑**の着物がよく似《に》合う。

7 家族でサッカー**観戦**をする。

8 プロバスケットの**選手**になるのが夢《ゆめ》だ。

9 **天然**のアユを使った料《りょう》理を食べる。

10 学力の**競争**がはげしい学校に入る。

11 地下の**倉庫**は空だった。

12 古い板を使って小鳥の**巣箱**を作る。

13 友人との約**束**《やく》を必《かなら》ず守る。

14 電車の引きこみ用の線路を**側線**という。

15 外国との友好関係を**持続**する。

16 春は**卒業**のシーズンだ。

17 **孫**たちが祖《そ》母の家に遊びに行く。

18 **一帯**には工場が建ちならんでいる。

19 **楽隊**でスネアドラムをたん当している。

20 荷物を各家庭に**配達**する。

21 日本海**側**は今日も雪がふっている。

22 今年は人生の**節目**の年になりそうだ。

すぐにチェック!!
練習問題 ❷

書き取り

次の——線のカタカナを漢字になおして書きなさい。

目標時間 11分

月 日 /22

答え → 別さつ P.11

1 新しいセキ順をくじで決める。
2 体セキを計算する式を覚える。
3 次の十字路を右セツする。
4 上手にセツ約《やく》してお金を貯《た》める。
5 試合の前にルールのセツ明がある。
6 遠アサの海岸で愛犬とじゃれ合う。
7 夏の大会では苦センが予想される。
8 学級委員を改センする。
9 約《やく》束を守るのは当ゼンのことだ。
10 労働《ろうどう》ソウ議でストライキになった。

11 船ソウのハッチから貨物を出し入れする。
12 むくどりは春と夏に二度のス作りをする。
13 三組はクラスの結ソクが固い。
14 友達の意外なソク面を知った。
15 会議で反対意見がゾク出した。
16 ソツ業式で答辞を述《の》べる。
17 地球の森や林を子ソンに残そう。
18 しゅ味で熱《ねっ》タイ魚を飼《か》っている。
19 ショパンの「軍タイポロネーズ」が流れる。
20 弟は虫とりのタツ人だ。
21 時オリ、野鳥の鳴き声が聞こえる。
22 お別《わか》れの会でダリアの花タバをおくる。

すぐにチェック!! 練習問題③

同じ読みの漢字

次の――線のカタカナを漢字になおして書きなさい。

目標時間4分

月　日　8

答え→別さつ P.11

1 初センの相手は同じ町のチームだ。
2 セン挙で児童会の会長を決める。

3 商品の価格《かかく》競ソウがはげしさを増《ま》す。
4 体育館のソウ庫にマットを運ぶ。

5 午後から会う約《やく》ソクをしている。
6 体そうでソク方のちゅう返りをする。

7 いためた足首に包《ほう》タイをまく。
8 救《きゅう》急タイ員がすばやくかけつけた。

すぐにチェック!! 練習問題④

画数

問1、問2に算用数字(1、2、3…)で答えなさい。

目標時間7分

月　日　14

答え→別さつ P.11

問1 次の漢字の赤い画のところは筆順の何画目ですか。

〈例〉雨……(4)何画目

1 浅（　）
2 戦（　）
3 争（　）
4 巣（　）
5 続（　）
6 孫（　）
7 隊（　）

問2 次の漢字の総《そう》画数は何画ですか。

〈例〉歌……(14)総画数

8 然（　）
9 倉（　）
10 束（　）
11 側（　）
12 卒（　）
13 帯（　）
14 達（　）

7級配当漢字表 8

画数	漢字	音	訓	部首	用例	筆順
9 タ	単	タン		⺍ つかんむり	単語《たんご》・単位《たんい》 単調《たんちょう》・単線《たんせん》	単単単単単単単単単
13 チ	置	チ	お(く)	罒 あみがしら あみめ よこめ	位置《いち》・配置《はいち》 置物《おきもの》・物置《ものおき》	置置置置置置置置置置置置置
6	仲	チュウ(中)	なか	亻 にんべん	仲間《なかま》・仲良《なかよ》し 仲直《なかなお》り	仲仲仲仲仲仲
7	沖	チュウ(高)	おき	氵 さんずい	沖合《おきあ》い 沖縄県《おきなわけん》	沖沖沖沖沖沖沖
6	兆	チョウ	きざ(し)(高) きざ(す)(高)	儿 ひとあし にんにょう	兆候《ちょうこう》・前兆《ぜんちょう》 一兆円《いっちょうえん》	兆兆兆兆兆兆
7 テ	低	テイ	ひく(い) ひく(める) ひく(まる)	亻 にんべん	低音《ていおん》・最低《さいてい》 低下《ていか》・低《ひく》い声《こえ》	低低低低低低低
8	底	テイ	そこ	广 まだれ	海底《かいてい》・底辺《ていへん》 底冷《そこび》え・底力《そこぢから》	底底底底底底底底
8	的	テキ	まと	白 しろ	的中《てきちゅう》・自主的《じしゅてき》 目的《もくてき》・的外《まとはず》れ	的的的的的的的的
8	典	テン		八 は	辞典《じてん》・祭典《さいてん》 式典《しきてん》・古典《こてん》	典典典典典典典典
6	伝	デン	つた(わる) つた(える) つた(う)	亻 にんべん	伝説《でんせつ》・駅伝《えきでん》 手伝《てつだ》う・言《い》い伝《つた》え	伝伝伝伝伝伝
10 ト	徒	ト		彳 ぎょうにんべん	徒歩《とほ》・徒競走《ときょうそう》 生徒《せいと》・徒労《とろう》	徒徒徒徒徒徒徒徒徒徒
7	努	ド	つと(める)	力 ちから	努力《どりょく》・努力家《どりょくか》 学習《がくしゅう》に努《つと》める	努努努努努努努
6	灯	トウ	ひ(高)	火 ひへん	灯台《とうだい》・灯油《とうゆ》 電灯《でんとう》・街灯《がいとう》	灯灯灯灯灯灯
13	働	ドウ	はたら(く)	亻 にんべん	労働《ろうどう》・実働《じつどう》 共働《ともばたら》き	働働働働働働働働働働働働働
10	特	トク		牛 うしへん	特別《とくべつ》・特産物《とくさんぶつ》 特色《とくしょく》・特典《とくてん》	特特特特特特特特特特
14	徳	トク		彳 ぎょうにんべん	道徳《どうとく》・人徳《じんとく》 徳島県《とくしまけん》	徳徳徳徳徳徳徳徳徳徳徳徳徳徳
9	栃		とち	木 きへん	栃《とち》の実《み》 栃木県《とちぎけん》	栃栃栃栃栃栃栃栃栃

すぐにチェック!!
練習問題 1

読み

次の——線の**漢字の読み**を**ひらがな**で書きなさい。

目標時間 11 分

月　日　/22

答え → 別さつ P.12

1 単語の意味を国語辞典で調べる。

2 村は大きな山の西方向に位置する。

3 不《ふ》仲な姉と妹が打ち解《と》けた。

4 海水浴《よく》で沖に流された。

5 天気が回復《ふく》する兆候がない。

6 湖の水位が低下している。

7 直角三角形の底辺《へん》の長さをはかる。

8 パンダは動物園の人気の的だ。

9 中学生の兄が古典の勉強をしている。

10 先生から友達への伝言をたのまれる。

11 駅から徒歩五分のマンションに住む。

12 妹は家族中で一番の努力家だ。

13 ファンヒーターに灯油を入れる。

14 父は一日に八時間労《ろう》働している。

15 昼に特大のピザを注文する。

16 悪徳商法《ほう》には注意が必要《ひつよう》だ。

17 栃木県は関東地方の北部にある。

18 夜になり急に気温が低くなった。

19 海の底が見えるほどきれいだ。

20 今日はいやな予感が的中した。

21 休日に家事を手伝った。

22 ゴミを拾って校内の美化に努める。

すぐにチェック!! 練習問題 ❷

書き取り

次の――線のカタカナを漢字になおして書きなさい。

目標時間 11 分

月　日　/22

答え → 別さつ P.12

1 グループタン位で行動するようにいわれる。

2 入口に大きなガラスのオキ物がある。

3 一年を通じて多くのナカ間と出会う。

4 観光船に乗ってオキに出る。

5 百万に百万をかけると一チョウになる。

6 つばめがテイ空飛《ひ》行をしている。

7 海テイには未《み》知の生物がいる。

8 これからは目テキを持って行動する。

9 人体の仕組みがわかる事テンを買う。

10 国文学者の自デンを読む。

11 ト競走で友達と同着になった。

12 目標《ひょう》に向かっていつもドカしている。

13 トウ台は航《こう》行する船の目印となる。

14 長時間勉強して頭が全くハタラかない。

15 トッ急列車が駅を通過《か》する。

16 新しい委員長は人トクがある。

17 新居《きょ》の家具の配チを決める。

18 どじょうが小川のソコを泳いでいる。

19 十メートル先のマトにボールを投げる。

20 人のうわさはまたたく間にツタわる。

21 クラスの問題解《かい》決にツトめる。

22 長時間労《ろう》ドウが社会問題になっている。

すぐにチェック!!
練習問題 ③

同じ読みの漢字

次の――線のカタカナを漢字になおして書きなさい。

目標時間4分

月　日　　8

答え → 別さつ P.12

1 重量《りょう》の**タン**位を勉強する。
2 **タン**歌を作るのはむずかしい。

3 最**テイ**気温が十度になった。
4 海**テイ**にすむ生物を事典で調べる。

5 雪の祭**テン**のイベントに参加した。
6 野球の試合で初回に失**テン**した。

7 今日は**トク**別《べつ》に寒い日だった。
8 **トク**島県は四国にある。

すぐにチェック!!
練習問題 ④

画数

問1、問2に算用数字(1、2、3…)で答えなさい。

目標時間7分

月　日　　14

答え → 別さつ P.12

問1 次の漢字の**赤い画**のところは**筆順の何画目**ですか。

〈例〉雨……(4)何画目

1 置（　）
2 沖（　）
3 兆（　）
4 低（　）
5 典（　）
6 灯（　）
7 働（　）

問2 次の漢字の**総《そう》画数**は**何画**ですか。

〈例〉歌……(14)総画数

8 低（　）
9 底（　）
10 的（　）
11 徒（　）
12 努（　）
13 特（　）
14 栃（　）

まとめテスト 2

すぐにチェック!! 練習問題 1

漢字と送りがな

次の――線のカタカナを○の中の漢字と送りがな(ひらがな)で書きなさい。

目標時間4分

月 日 /8

答え→別さつ P.13

1 (試) ココロミに一口食べる。
2 (失) まちがえて自信をウシナウ。
3 (祝) 試験の合格《かく》をみんなでイワウ。
4 (唱) 大きな声で九九をトナエル。
5 (照) 友達に冷《ひ》やかされテレル。
6 (清) キヨラカな水で顔をあらう。
7 (折) 次の信号を左にオレル。
8 (争) 一点をアラソウゲームだ。

すぐにチェック!! 練習問題 2

対義語《ぎ》

次の□のひらがなにしたがって、意味が反対や対《つい》になることば(対義語《ぎ》)を書きなさい。

目標時間6分

月 日 /12

答え→別さつ P.13

1 発病↕全□(ち)
2 中心↕□(しゅう)辺《へん》
3 最後↕最□(しょ)
4 運動↕□(せい)止
5 深い↕□(あさ)い
6 平和↕□(せん)争
7 人工↕天□(ねん)
8 中止↕□(ぞっ)行
9 海面↕海□(てい)
10 失敗《ぱい》↕□(せい)功
11 先生↕生□(と)
12 集中↕分□(さん)

すぐにチェック!!
練習問題 ③

同じ部首の漢字

次の**部首名のなかまの漢字**で□にあてはまる**漢字一字**を書きなさい。

目標時間6分

月　日　／12

答え → 別さつ P.13

〈例〉 言（ごんべん）……［詩］《し》集・合［計］《けい》

ア 口（くち）
[1]《き》具・[2]《し》会者
使[3]《めい》・円[4]《しゅう》

イ 言（ごんべん）
[5]《し》食・学[6]《せつ》
相[7]《だん》・[8]《ちょう》子

ウ 氵（さんずい）
自[9]《ち》会・遠[10]《あさ》
[11]《しょう》去・[12]《りゅう》水

すぐにチェック!!
練習問題 ④

漢字えらび

次の――線の**カタカナ**に合う**漢字**を選んで**記号**で書きなさい。

目標時間4分

月　日　／7

答え → 別さつ P.13

1 ボランティア活動に**サン**加する。
（ア 参　イ 散　ウ 産）（　　）

2 合唱コンクールの**シ**会を任《まか》された。
（ア 司　イ 試　ウ 氏）（　　）

3 卒業式で市長が祝**ジ**を述《の》べる。
（ア 児　イ 持　ウ 辞）（　　）

4 無《む》線で漁船と通**シン**する。
（ア 信　イ 真　ウ 臣）（　　）

5 兄は陸《りく》上競技《ぎ》で大記録《ろく》を達**セイ**した。
（ア 省　イ 清　ウ 成）（　　）

6 友人は競**ソウ**心が人一倍強い。
（ア 倉　イ 争　ウ 相）（　　）

7 高**テイ**差が大きいコースを走る。
（ア 定　イ 低　ウ 底）（　　）

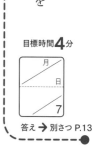

7級配当漢字表 9

見出し	漢字	画数	音	訓	部首	用例
ナ	奈	8	ナ		大（だい）	神奈川県《かながわけん》　奈良県《ならけん》
	梨	11		なし	木（き）	洋梨《ようなし》　山梨県《やまなしけん》
ネ	熱	15	ネツ	あつ（い）	灬（れんが・れっか）	熱望《ねつぼう》・熱唱《ねっしょう》　熱中《ねっちゅう》・熱《あつ》いお茶《ちゃ》
	念	8	ネン		心（こころ）	記念《きねん》・念願《ねんがん》　残念《ざんねん》・入念《にゅうねん》
ハ	敗	11	ハイ	やぶ（れる）	攵（のぶん・ぼくづくり）	失敗《しっぱい》・完敗《かんぱい》　敗《やぶ》れ去《さ》る
	梅	10	バイ	うめ	木（きへん）	入梅《にゅうばい》・梅園《ばいえん》　梅酒《うめしゅ》・梅《うめ》の木《き》
	博	12	ハク　バク㊢		十（じゅう）	博物館《はくぶつかん》・博愛《はくあい》　博学《はくがく》・医博《いはく》
	阪	7	ハン㊥		阝（こざとへん）	大阪府《おおさかふ》
	飯	12	ハン	めし	飠（しょくへん）	飯台《はんだい》・赤飯《せきはん》　飯時《めしどき》・焼《や》き飯《めし》
ヒ	飛	9	ヒ	と（ぶ）　と（ばす）	飛（とぶ）	飛行《ひこう》・飛散《ひさん》　高飛《たかと》び
	必	5	ヒツ	かなら（ず）	心（こころ）	必要《ひつよう》・必読《ひつどく》　必死《ひっし》・必《かなら》ず勝《か》つ
	票	11	ヒョウ		示（しめす）	票数《ひょうすう》・投票《とうひょう》　開票《かいひょう》・伝票《でんぴょう》
	標	15	ヒョウ		木（きへん）	標本《ひょうほん》・標語《ひょうご》　標高《ひょうこう》・目標《もくひょう》
フ	不	4	フ　ブ		一（いち）	不安《ふあん》・不思議《ふしぎ》　不服《ふふく》・不通《ふつう》
	夫	4	フ　フウ㊥	おっと	大（だい）	夫人《ふじん》・水夫《すいふ》　夫《おっと》の母《はは》
	付	5	フ	つ（ける）　つ（く）	亻（にんべん）	付近《ふきん》・付録《ふろく》　受付《うけつけ》・日付《ひづけ》
	府	8	フ		广（まだれ）	府県《ふけん》・府立《ふりつ》　府議《ふぎ》

すぐにチェック!!
練習問題 1

読み

次の――線の**漢字の読み**を**ひらがな**で書きなさい。

目標時間 11 分

月　日　／22

答え → 別さつ P.14

1 奈落の底に落ちる夢《ゆめ》を見た。（　　）
2 家族で梨がりに出かける。（　　）
3 小説を読んで目頭が熱くなる。（　　）
4 念願だったリレーの選手に選ばれた。（　　）
5 妹は何をするにも失敗をおそれない。（　　）
6 梅の開花に春のおとずれを感じる。（　　）
7 自由、平等、博愛はフランスの標語だ。（　　）
8 家族四人でご飯を三合たく。（　　）
9 折り紙で紙飛行機を作る。（　　）
10 友達に必読の書を三さつすすめられた。（　　）
11 間もなく選挙の開票が始まる。（　　）
12 体育の持久《きゅう》走では完走が目標だ。（　　）
13 受験が終わるまでは不安な毎日だ。（　　）
14 市長夫人が一日園長を務《つと》めた。（　　）
15 ざっしの付録にポーチが付いている。（　　）
16 府立の図書館で朝から読書をする。（　　）
17 最近弟は熱心にラジオをきいている。（　　）
18 野球大会の一回戦で敗れ去る。（　　）
19 花を見る人で梅園がにぎわう。（　　）
20 麦飯にとろろをかけて食べる。（　　）
21 トンビが大空高く飛んでいる。（　　）
22 次の試合では必ず勝つと約《やく》束した。（　　）

すぐにチェック!! 練習問題 ❷

書き取り

次の——線のカタカナを漢字になおして書きなさい。

目標時間 11 分

月 日 / 22

答え → 別さつ P.14

1 洋ナシを使ってジャムを作る。
2 オーブンでクッキーを加ネツする。
3 記ネン日にはいつも外食をする。
4 野球のハイ戦投手になる。
5 バイ雨前線が東に進んでいる。
6 マンモスの化石をハク物館で見学する。
7 赤ハンにごま塩をかけて食べる。
8 一メートルのトびこみ台からジャンプする。
9 登山にヒツ要《よう》な道具をそろえる。
10 投ヒョウによって委員会の役員を決める。

11 クラスで交通安全のヒョウ語を考える。
12 身内にフ幸があって学校を休んだ。
13 オットが子どもを連《つ》れて遊園地に行く。
14 中学校へ入学願書を送フする。
15 都道フ県の名前を北から順に言う。
16 決勝戦でおしくもヤブれる。
17 母がグラスにウメ酒を注ぐ。
18 弁《べん》当箱に大きなにぎりメシが入っていた。
19 努力はカナラずむくわれると信じている。
20 雨量《りょう》が少ないと水ブ足が心配だ。
21 キュリーフ人の伝記を読む。
22 サッカーで足のツけ根をいためた。

すぐにチェック!!
練習問題③

同じ読みの漢字

次の――線のカタカナを漢字になおして書きなさい。

目標時間4分

月　日　8

答え → 別さつ P.14

1 ハイ北を覚ごのうえで戦った。

2 ピッチャーのハイ球を読む。

3 母は夕食に赤ハンをたいた。

4 新しい提《てい》案はハン対意見が多かった。

5 クラス委員の投ヒョウが行われる。

6 夏休みにこん虫のヒョウ本を作る。

7 会議の決定にはフ満が残る。

8 フ近の飲食店で食事をとる。

すぐにチェック!!
練習問題④

画数

問1、問2に算用数字（1、2、3…）で答えなさい。

目標時間7分

月　日　14

答え → 別さつ P.14

問1 次の漢字の赤い画のところは筆順の何画目ですか。

〈例〉雨……（4）何画目

1 熱（　）
2 梅（　）
3 博（　）
4 飛（　）
5 必（　）
6 標（　）
7 府（　）

問2 次の漢字の総《そう》画数は何画ですか。

〈例〉歌……（14）総画数

8 梨（　）
9 念（　）
10 敗（　）
11 阪（　）
12 飯（　）
13 票（　）
14 不（　）

7級配当漢字表 10

漢字	画数	音	訓	部首	用例
フ 阜	8	フ		阜（おか）	岐阜県《ぎふけん》
富	12	フ・フウ(高)	と(む)・とみ	宀（うかんむり）	富山県《とやまけん》・豊富《ほうふ》
副	11	フク		刂（りっとう）	副賞《ふくしょう》・副食《ふくしょく》 副業《ふくぎょう》・副作用《ふくさよう》
ヘ 兵	7	ヘイ・ヒョウ(高)		八（は）	兵隊《へいたい》・兵器《へいき》 出兵《しゅっぺい》
別	7	ベツ	わか(れる)	刂（りっとう）	特別《とくべつ》・送別会《そうべつかい》 差別《さべつ》・別《わか》れ道《みち》
辺	5	ヘン	あた(り)・べ	辶（しんにょう・しんにゅう）	周辺《しゅうへん》・一辺《いっぺん》 岸辺《きしべ》・この辺《あた》り
変	9	ヘン	か(わる)・か(える)	夊（すいにょう・ふゆがしら）	変化《へんか》・急変《きゅうへん》 変《か》わり身《み》
便	9	ベン・ビン	たよ(り)	亻（にんべん）	便利《べんり》 花《はな》の便《たよ》り
ホ 包	5	ホウ	つつ(む)	勹（つつみがまえ）	包帯《ほうたい》・包丁《ほうちょう》 物《もの》を包《つつ》む
法	8	ホウ・ハッ(高)・ホッ(高)		氵（さんずい）	方法《ほうほう》・法王《ほうおう》 法案《ほうあん》・健康法《けんこうほう》
望	11	ボウ・モウ(中)	のぞ(む)	月（つき）	望遠《ぼうえん》・希望《きぼう》 失望《しつぼう》・海《うみ》を望《のぞ》む
牧	8	ボク	まき(中)	牜（うしへん）	牧場《ぼくじょう》・牧草《ぼくそう》 牧牛《ぼくぎゅう》・放牧《ほうぼく》
マ 末	5	マツ・バツ(高)	すえ	木（き）	結末《けつまつ》 末《すえ》っ子《こ》
満	12	マン	み(ちる)・み(たす)	氵（さんずい）	満員《まんいん》・満席《まんせき》 水《みず》を満《み》たす
ミ 未	5	ミ		木（き）	未来《みらい》・未明《みめい》 未知《みち》・未完成《みかんせい》
民	5	ミン	たみ(中)	氏（うじ）	住民《じゅうみん》・民話《みんわ》 公民館《こうみんかん》・民宿《みんしゅく》
ム 無	12	ム・ブ	な(い)	灬（れんが・れっか）	無理《むり》・無数《むすう》 無事《ぶじ》・台無《だいな》し

すぐにチェック!!
練習問題 ❶

読み

次の——線の**漢字の読み**を**ひらがな**で書きなさい。

目標時間 11 分

月 日 /22

答え → 別さつ P.15

1 日本の地形は変化《へん》に**富**んでいる。

2 薬の**副作用**に十分注意する。

3 **水兵**の制《せい》服は各国で様々だ。

4 **別室**で待つようにいわれた。

5 都市の**周辺**に農地が広がっている。

6 先生は生徒から**大変**な人気がある。

7 近くにスーパーができて**便利**になった。

8 **包帯**の正しいまき方を覚える。

9 デパートで**法事**のお返しの品を選ぶ。

10 カメラに**望遠**レンズを取り付ける。

11 校外学習で**牧場**を見学する。

12 **週末**までに夏休みの課題を終わらせる。

13 テレビで話題の店はいつも**満員**だ。

14 アスレチックで**未知**の体験をした。

15 **民族**衣しょうに着がえておどる。

16 父が出張《ちょう》から**無事**に帰ってきた。

17 親と**別**れてくらすことは考えられない。

18 この**辺**りは昔住んでいた場所だ。

19 カラフルな紙でプレゼントを**包**む。

20 海を**望**むホテルに宿はくする。

21 弟は**末**っ子だが食べる量《りょう》は一番だ。

22 **無理**をすると体によくない。

すぐにチェック!! 練習問題❷

書き取り

次の――線の**カタカナ**を**漢字**になおして書きなさい。

目標時間 11 分

月 日 /22

答え → 別さつ P.15

1 **ト**山県は日本海側にある県だ。

2 主食と**フク**食を交ごに食べる。

3 「おもちゃの**ヘイ**隊のマーチ」をきく。

4 アシカとアザラシの区**ベツ**がつかない。

5 駅の近**ペン**に遊びに行く。

6 わたしの兄は少し**カ**わり者だ。

7 レストランは少し不**ベン**な場所にある。

8 **ホウ**丁の使い方を母から教わる。

9 国会で新しい**ホウ**案が通る見こみだ。

10 ゲームセットまで希**ボウ**をすてない。

11 馬がのんびりと**ボク**草を食べている。

12 部屋が散らかったので後始**マツ**をする。

13 今日はとてもきれいな**マン**月だ。

14 人類《るい》の**ミ**来について考える。

15 **ミン**宿で食べる朝食が大好きだ。

16 駅から**ム**料《りょう》のバスが出ている。

17 学校の正門で友達と**ワカ**れる。

18 親類《るい》の家はこの**アタ**りのはずだ。

19 島には一日二往復《おうふく》の船**ビン**がある。

20 家族の愛情《じょう》に**ツツ**まれて育つ。

21 ぼくは三人兄弟の**スエ**っ子だ。

22 試合前の球場は熱気に**ミ**ちている。

すぐにチェック!!
練習問題③

同じ読みの漢字

次の――線の**カタカナ**を**漢字**になおして書きなさい。

目標時間4分

月　日　/8

答え→別さつ P.15

1 台形の底ヘンと高さをはかる。

2 丸から四角にヘン形する。

3 けがをした部位にホウ帯をまく。

4 物語を書く手ホウを学ぶ。

5 マン員電車に乗って目的地に向かう。

6 一マンは千の十倍だ。

7 今夜何をするかはミ定だ。

8 先生の言葉はとても意ミ深い。

すぐにチェック!!
練習問題④

画数

問1、**問2**に**算用数字**(1、2、3…)で答えなさい。

目標時間7分

月　日　/14

答え→別さつ P.15

問1 次の漢字の**赤い画**のところは**筆順の何画目**ですか。

〈例〉雨……(4)何画目

1 阜 (　　)

2 副 (　　)

3 別 (　　)

4 便 (　　)

5 望 (　　)

6 満 (　　)

7 無 (　　)

問2 次の漢字の**総《そう》画数**は**何画**ですか。

〈例〉歌……(14)総画数

8 兵 (　　)

9 辺 (　　)

10 変 (　　)

11 包 (　　)

12 望 (　　)

13 牧 (　　)

14 民 (　　)

7級配当漢字表 11

漢字	画数	読み	部首	用例
約（ヤ）	9	音 ヤク	糸 いとへん	約束《やくそく》・予約《よやく》　節約《せつやく》・公約《こうやく》
勇（ユ）	9	音 ユウ　訓 いさ(む)	力 ちから	勇気《ゆうき》・勇士《ゆうし》　勇者《ゆうしゃ》・勇《いさ》み足《あし》
要（ヨ）	9	音 ヨウ　訓 かなめ　い(る)中	襾 おおいかんむり	要点《ようてん》・必要《ひつよう》　チームの要《かなめ》
養	15	音 ヨウ　訓 やしな(う)	食 しょく	栄養《えいよう》・養分《ようぶん》　静養《せいよう》・子《こ》を養《やしな》う
浴	10	音 ヨク　訓 あ(びる)　あ(びせる)	氵 さんずい	浴室《よくしつ》・浴場《よくじょう》　入浴《にゅうよく》・水浴《みずあ》び
利（リ）	7	音 リ　訓 き(く)高	刂 りっとう	利用《りよう》・利点《りてん》　便利《べんり》・有利《ゆうり》
陸	11	音 リク	阝 こざとへん	陸上《りくじょう》・陸地《りくち》　陸橋《りっきょう》・着陸《ちゃくりく》
良	7	音 リョウ　訓 よ(い)	艮 ねづくり　こんづくり	良心《りょうしん》・改良《かいりょう》　仲良《なかよ》し
料	10	音 リョウ	斗 とます	材料《ざいりょう》・料理《りょうり》　原料《げんりょう》・使用料《しようりょう》
量	12	音 リョウ　訓 はか(る)	里 さと	計量《けいりょう》・交通量《こうつうりょう》　量《はか》り売《う》り
輪	15	音 リン　訓 わ	車 くるまへん	大輪《たいりん》・輪唱《りんしょう》　首輪《くびわ》・輪投《わな》げ
類（ル）	18	音 ルイ　訓 たぐ(い)	頁 おおがい	親類《しんるい》・衣類《いるい》　小動物《しょうどうぶつ》の類《たぐ》い
令（レ）	5	音 レイ	人 ひとやね	命令《めいれい》・号令《ごうれい》　指令《しれい》・発令《はつれい》
冷	7	音 レイ　訓 つめ(たい)　ひ(える)　ひ(や)　ひ(やす)　ひ(やかす)　さ(める)　さ(ます)	冫 にすい	冷静《れいせい》・底冷《そこび》え　冷害《れいがい》・寒冷《かんれい》　冷《つめ》たいお茶《ちゃ》
例	8	音 レイ　訓 たと(える)	亻 にんべん	例年《れいねん》・例会《れいかい》　実例《じつれい》・例《たと》えば
連	10	音 レン　訓 つら(なる)　つら(ねる)　つ(れる)	辶 しんにょう　しんにゅう	連続《れんぞく》・連日《れんじつ》　山《やま》が連《つら》なる
老（ロ）	6	音 ロウ　訓 お(いる)　ふ(ける)高	耂 おいかんむり　おいがしら	老人《ろうじん》・老後《ろうご》　長老《ちょうろう》・老《お》い先《さき》
労	7	音 ロウ	力 ちから	労働《ろうどう》・労力《ろうりょく》　苦労《くろう》・功労《こうろう》
録	16	音 ロク	金 かねへん	録画《ろくが》・付録《ふろく》　記録的《きろくてき》・登録《とうろく》

すぐにチェック!!
練習問題 1

読み

次の——線の**漢字の読み**を**ひらがな**で書きなさい。

目標時間11分

月　日
22

答え → 別さつ P.16

1 また会う約束をして解散《かい》する。（　　）

2 勇気を出して発言する。（　　）

3 親友の要求でも受け入れられない。（　　）

4 植物の根は水や養分を土から得《え》る。（　　）

5 浴室のシャワーが故《こ》しょうしている。（　　）

6 わたしの家は駅に近いという利点がある。（　　）

7 ウミガメはたまごを産みに陸地に上がる。（　　）

8 書道を習うには最良のタイミングだった。（　　）

9 キャンプに向けて食料を買いこむ。（　　）

10 サンマが大量に水あげされた。（　　）

11 自転車の車輪にひもがからまっている。（　　）

12 デパートで冬物の衣類を母と選ぶ。（　　）

13 先生の号令で一列にならぶ。（　　）

14 三年続けて冷害が発生している。（　　）

15 例文を参考にしながら文章を書く。（　　）

16 国境《きょう》には高く美しい山が連なる。（　　）

17 老後のことを考えてお金を運用する。（　　）

18 母は苦労して車のめん許《きょ》を取った。（　　）

19 テレビ番組の録画を妹にたのむ。（　　）

20 物事を正しく見きわめる力を養う。（　　）

21 朝起きてすぐシャワーを浴びる。（　　）

22 一週間雨の日が連続している。（　　）

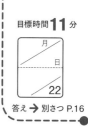

すぐにチェック!! 練習問題 ❷

書き取り

次の――線の**カタカナ**を**漢字**になおして書きなさい。

目標時間 **11** 分

月　日　/22

答え → 別さつ P.16

1 パーティーの会場を予**ヤク**する。

2 **ユウ**気をもって正しい意見を述《の》べる。

3 日本にとってアメリカは重**ヨウ**な国だ。

4 体全体に栄**ヨウ**が行きわたる。

5 旅館の大**ヨク**場でゆっくり湯船につかる。

6 母は買い物のときカードを**リ**用する。

7 **リク**上選手を目指して毎日練習している。

8 転入生との関係はとても**リョウ**好だ。

9 夕食に使う材**リョウ**を買いに行く。

10 テレビの音**リョウ**を上げる。

11 校庭に一**リン**のスイセンがさいている。

12 春休みの間は親**ルイ**の家にとまる。

13 午後になって大雨注意報《ほう》が発**レイ**された。

14 自分でも不思議なほど**レイ**静だった。

15 **レイ**年より二週間も早く桜《さくら》がさいた。

16 **レン**休に家族そろってハイキングに行く。

17 祖《そ》父は町内会の長**ロウ**だ。

18 文化功**ロウ**者が発表された。

19 高とびの記**ロク**を一センチでものばしたい。

20 サッカーのキーパーは守りの**カナメ**だ。

21 むし暑い日には川で水**ア**びをする。

22 子犬にオレンジ色の首**ワ**を付ける。

すぐにチェック!!
練習問題 ❸

同じ読みの漢字

次の――線のカタカナを**漢字**になおして書きなさい。

目標時間4分

月　日

8

答え → 別さつ P.16

1 理科も社会も必ヨウな学問だ。
2 とてもつかれたので休ヨウする。

3 価格《かかく》が安くリョウ心的な店だった。
4 最後に調味リョウで味をととのえる。

5 プログラムが命レイを実行する。
6 前レイのない事件《けん》が起きた。

7 自動車のタイヤがロウ化する。
8 ロウカに見合った結果が出る。

すぐにチェック!!
練習問題 ❹

画数

問1、問2に**算用数字**(1、2、3…)で答えなさい。

目標時間7分

月　日

14

答え → 別さつ P.16

問1 次の漢字の**赤い画**のところは**筆順の何画目**ですか。

〈例〉雨……(4)何画目

1 要（　）
2 養（　）
3 良（　）
4 量（　）
5 輪（　）
6 老（　）
7 録（　）

問2 次の漢字の**総《そう》画数**は**何画**ですか。

〈例〉歌……(14)総画数

8 勇（　）
9 浴（　）
10 陸（　）
11 料（　）
12 類（　）
13 例（　）
14 連（　）

7級配当漢字表⑨～⑪の漢字を使った問題にちょう戦しましょう。

まとめテスト 3

すぐにチェック!! 練習問題❶

漢字と送りがな

次の——線のカタカナを○の中の漢字と送りがな(ひらがな)で書きなさい。

目標時間4分

1 (敗) チームは決勝戦でヤブレル。

2 (便) 風のタヨリに聞いた。

3 (包) 和がしを紙にツツム。

4 (望) 海をノゾムホテルにとまる。

5 (満) 部屋にバラのかおりがミチル。

6 (勇) 試合に勝って喜《よろこ》びイサム。

7 (量) 朝起きるとまず体重をハカル。

8 (冷) 時間が経《た》ってスープがサメル。

月 日 /8

答え→別さつ P.17

すぐにチェック!! 練習問題❷

対義《ぎ》語

次の□のひらがなにしたがって、意味が反対や対《つい》になることば(対義《ぎ》語)を書きなさい。

目標時間6分

1 大勝↕大□《はい》

2 不要↕□《ひつ》要

3 主食↕□《ふく》食

4 会う↕□《わか》れる

5 期待↕失□《ぼう》

6 文頭↕文□《まつ》

7 新月↕□《まん》月

8 決定↕□《み》定

9 有る↕□《な》い

10 熱湯↕□《れい》水

11 海上↕□《りく》上

12 最悪↕最□《りょう》

月 日 /12

答え→別さつ P.17

すぐにチェック!!
練習問題③

同じ部首のなかまの漢字

次の**部首名**のなかまの**漢字**で□にあてはまる**漢字一字**を書きなさい。

目標時間6分

月　日

12

答え→別さつ P.17

〈例〉言（ごんべん）……［詩］《し》集・合［計］《けい》

ア　攵（のぶん・ぼくづくり）
完1□《ぱい》・2□《せい》理
牧3□《ほう》・4□《きょう》会

イ　木（きへん）
5□《ひょう》的・入6□《ばい》
大黒7□《ばしら》・大8□《こん》

ウ　刂（りっとう）
9□《ふく》菜・送10□《べつ》会
11□《れっ》車・12□《り》器《き》

すぐにチェック!!
練習問題④

漢字えらび

次の――線の**カタカナ**に合う**漢字**を選んで**記号**で書きなさい。

目標時間4分

月　日

7

答え→別さつ P.17

1　事前に目ヒョウを立てて勉強する。（ア票　イ表　ウ標）（　　）
2　弟は家のフ近で遊んでいる。（ア府　イ付　ウ夫）（　　）
3　友達のヘン身ぶりに声を失う。（ア辺　イ返　ウ変）（　　）
4　バタフライの泳ホウを身につける。（ア包　イ法　ウ放）（　　）
5　話のヨウ点をノートにメモする。（ア要　イ養　ウ葉）（　　）
6　みんなでゴミのリョウを減《へ》らす。（ア料　イ量　ウ良）（　　）
7　南北に長い寒レイ前線が通過《か》する。（ア冷　イ例　ウ令）（　　）

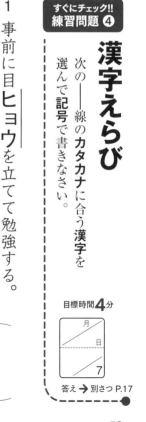

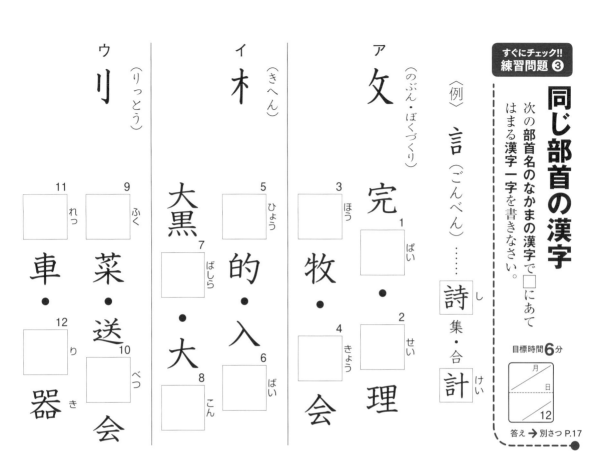

第2章

実力チェック!! 本試験型《がた》テスト

合格は140点以上。
まちがえたところは
別さつの答え・かいせつ
でしっかり復《ふく》習しよう!

実力チェック!!

本試験型《がた》テスト 第1回

140点以上で合格!

制限時間 60分

月　日

/200

答え → 別さつ P.18

一

次の——線の**漢字の読み**を**ひらがな**で答えのらんに書きなさい。

/20

1点×20問

1 わが家の**愛犬**はダックスフンドだ。

2 わたしの両親は**共働**きだ。

3 いろいろな**実例**をもとに考える。

4 **順番**にならんでください。

5 **冷**やしたすいかがおいしい。

6 兄は**高卒**で社会人になった。

7 今は**最**も道がこむ時間だ。

8 本番に向けて**特訓**の毎日だ。

二

次の各組の——線の**漢字の読み**を**ひらがな**で答えのらんに書きなさい。

/10

1点×10問

1 **駅伝**のランナーが走りぬける。

2 世界中のニュースが**伝**わる。

3 家庭**菜園**でトマトを育てる。

4 油**菜**から食用油がとれる。

5 **農夫**が畑の草取りをしている。

6 父は母にとってやさしい**夫**だ。

7 **初日**から黒星スタートだ。

8 **初**日の出をおがむ。

9 **祝祭**日は学校はお休みだ。

10 前**祝**いのさかずきをあげる。

9 野生動物を守る活動を**続**けている。（　　）（　　）

10 ランドセルに**名札**をつける。（　　）（　　）

11 父は**包丁**を使って魚をさばく。（　　）（　　）

12 今日の海は**静**かだ。（　　）（　　）

13 図書室で**司書**の先生と話す。（　　）（　　）

14 それは病気の**兆候**かもしれない。（　　）（　　）

15 ハムスターはネズミの**類**いだ。（　　）（　　）

16 雪が二メートルも**積**もった。（　　）（　　）

17 今年は**雨季**が早く来た。（　　）（　　）

18 弱いチームに**敗**れるとは意外だ。（　　）（　　）

19 転校する友人の**送別会**を開く。（　　）（　　）

20 いわしの頭も**信心**から（　　）（　　）

三

次の——線の**カタカナ**に合う**漢字**を えらんで答えのらんに**記号**で書きなさい。

／20　2点×10問

1 体育館の落**セイ**式が行われた。（ア成　イ正　ウ整）（　　）（　　）

2 旅行当日の天**コウ**が心配だ。（ア康　イ好　ウ候）（　　）（　　）

3 思っていた**イ**上に暑い。（ア医　イ以　ウ意）（　　）（　　）

4 商店**ガイ**で買い物をする。（ア害　イ外　ウ街）（　　）（　　）

5 食**キ**をテーブルにならべる。（ア器　イ起　ウ記）（　　）（　　）

6 昼食を持**サン**する。（ア産　イ参　ウ算）（　　）（　　）

7 校長室まで**アン**内する。（ア安　イ暗　ウ案）（　　）（　　）

8 **エイ**会話教室に通っている。（ア英　イ泳　ウ栄）（　　）（　　）

9 **カン**光地はどこもにぎやかだ。（ア感　イ寒　ウ観）（　　）（　　）

10 市役所に住民**ヒョウ**を取りに行く。（ア表　イ票　ウ標）（　　）（　　）

四

次の上の漢字の**太い画**のところは**筆順の何画目**か、下の漢字の**総画数**《そう》**は何画**か、**算用数字**（1、2、3…）で答えなさい。

1点×10問　/10

〈例〉雨……（4）

〈例〉歌……（14）

1 児（　）

2 貨（　）

3 郡（　）

4 折（　）

5 府（　）

6 鏡（　）

7 量（　）

8 建（　）

9 阜（　）

10 副（　）

五

次の漢字の読みは、**音読み（ア）**ですか、**訓読み（イ）**ですか。**記号**で答えなさい。

2点×10問　/20

〈例〉氷《こおり》→（イ）

1 底《そこ》（　）

2 管《くだ》（　）

6 氏《し》（　）

7 省《せい》（　）

七

次の――線の**カタカナ**を○**の中の漢字と送りがな（ひらがな）**で答えのらんに書きなさい。

2点×7問　/14

〈例〉休　公園のベンチで**ヤスム**。　休む

1 焼　山火事で森が**ヤケル**。

2 望　りっぱな社会人になることを**ノゾム**。

3 熱　おうえんが**アツク**なる。

4 願　心から幸せを**ネガウ**。

5 挙　こうほ者の名前が**アガル**。

6 加　作文に少し書き**クワエル**。

7 残　宿題をするため教室に**ノコル**。

1	2	3	4	5	6	7

3 固《こ》（　　）
4 帯《おび》（　　）
5 軍《ぐん》（　　）

8 兵《へい》（　　）
9 巣《す》（　　）
10 茨《いばら》（　　）

六

後の□の中のひらがなを漢字になおして、意味が反対や対《つい》になることば（対義語《ぎ》）を書きなさい。□の中のひらがなは**一度だけ**使い、答えのらんに**漢字一字**を書きなさい。

2点×5問　／10

〈例〉前期―後期

1 有線―□線
2 改悪―改□
3 決定―□定
4 平和―戦□
5 深い―□い

そう　りょう　む　あさ　み

八

次の**部首のなかま**の漢字で、□にあてはまる**漢字一字**を、答えのらんに書きなさい。

2点×10問　／20

〈例〉言（ごんべん）……詩《し》集・合計《けい》

ア 宀（うかんむり）
1□《かん》走・長2□《かん》・明3□《さつ》

イ 木（きへん）
機4□《かい》・同5□《よう》・6□《ばい》雨

ウ 亻（にんべん）
体7□《そく》・8□《ふ》録・方9□《い》・10□《びん》乗

九

次の――線のカタカナを漢字になおして答えのらんに書きなさい。

2点×8問　／16

1 エン分ひかえ目のみそを使う。
2 明日はバスでエン足に行く。

3 わすれ物がないようカク自気をつける。
4 寒さで指の感カクがなくなる。

5 運動会のシュ目が決まった。
6 ぶどうシュのたるを転がす。

7 トップとのサが開く。
8 住所はサ記のとおりです。

1	2	3	4	5	6	7	8

十

次の――線のカタカナを漢字になおして答えのらんに書きなさい。

2点×20問　／40

1 幸せをモトめて旅に出る。
2 ゴミはカナラず持って帰ろう。
3 ここはかつてジョウ下町として栄えた。
4 ケン康な体を作ろう。
5 人生のフシ目をむかえた。
6 トウ台は船の安全を守る。
7 たくさんの人が出セキした。
8 国と自チ体が話し合って決める。
9 あれこれココロみたがうまくいかない。

1	2	3	4	5	6	7	8	9

十

上の漢字と下の[　]の中の漢字を組み合わせて**二字のじゅく語を二つ作り**、答えのらんに**記号**で書きなさい。

／20
2点×10問

〈例〉水　[ア空　イ泳　ウ青　エ海　オ体]

（エ）水　水（イ）

（一）散

[ア流　イ水　ウ考　エ分　オ走]

1（　）散　散2（　）

（二）景

[ア風　イ空　ウ大　エ気　オ東]

3（　）景　景4（　）

（三）議

[ア改　イ表　ウ員　エ械　オ和]

5（　）議　議6（　）

（四）漁

[ア場　イ不　ウ理　エ司　オ多]

7（　）漁　漁8（　）

（五）旗

[ア行　イ手　ウ校　エ同　オ空]

9（　）旗　旗10（　）

---

10 はっきりした目**テキ**を持つ。

11 サッカーの日本代表に**エラ**ばれる。

12 よい**ケツ**果を聞いて安心した。

13 仏《ぶっ》教の教えを**ト**く。

14 週**マツ**の天気は雨のようだ。

15 日本で万国**ハク**らん会が開かれた。

16 **マワ**りの目を気にしすぎる。

17 室内の温度を**ヒク**くする。

18 バラの良い**カオ**りがする。

19 ピッチャーが**ヘン**化球を投げた。

20 ねこの手も**カ**りたいほどいそがしい

10	11	12	13	14	15	16	17	18	19	20

実力チェック!!

本試験型《がた》テスト 第2回

140点以上で合格！

制限時間 60分

月　日

/200

答え → 別さつ P.20

一

次の――線の**漢字の読み**を**ひらがな**で答えのらんに書きなさい。

/20

1点×20問

1 今日はとても体調が**良**い。

2 大きな声で**号令**をかける。

3 全校の注目を**浴**びる。

4 ぬいぐるみに名前を**付**けた。

5 遠足に**必要**なものを買う。

6 **貨物**列車が通りすぎる。

7 **改**めて出直すことにしよう。

8 **希望**した役がもらえなかった。

二

次の各組の――線の**漢字の読み**を**ひらがな**で答えのらんに書きなさい。

/10

1点×10問

1 **老人**に昔話を聞いた。

2 年**老**いた人をいたわる。

3 ついに**悲願**の金メダルを手にした。

4 **願**いを聞きとどけてもらう。

5 朝の公園を**散歩**する。

6 桜《さくら》の花が**散**ってしまった。

7 きびしい**残暑**が続く。

8 教室に**残**るよう言われた。

9 その角を**右折**してください。

10 **折**り紙でかぶとを作る。

9 プレゼント用に**包**んでもらう。
10 この服の色は**好**みに合わない。
11 新聞社の**取材**を受ける。
12 **極力**分かりやすく話した。
13 昔はとても**栄**えた町だった。
14 日本の人口は**一億**人をこえている。
15 どこかで**見覚**えのある顔だ。
16 主食と**副食**をバランスよく取る。
17 新しい命が**芽生**えた。
18 用紙に**氏名**を記入する。
19 **完全**試合をピッチャーはやりとげた。
20 親しき**仲**にも礼ぎあり

三

次の――線の**カタカナ**に合う**漢字**をえらんで答えのらんに**記号**で書きなさい。

/20
2点×10問

1 **イ**服を整える。（ア委　イ衣　ウ意）
2 建てかえていた体育館が**カン**成する。（ア関　イ観　ウ完）
3 **キョウ**同作業ではかどった。（ア強　イ共　ウ競）
4 ミツバチの大**グン**が木の下に集まる。（ア群　イ軍　ウ郡）
5 歌**ショウ**力があるとほめられた。（ア章　イ消　ウ唱）
6 しょうぎの名人**セン**が行われた。（ア線　イ戦　ウ先）
7 国語辞**テン**で言葉の意味を調べる。（ア典　イ点　ウ店）
8 自分の行いを反**セイ**する。（ア成　イ清　ウ省）
9 お赤**ハン**を近所に配る。（ア半　イ飯　ウ反）
10 それでは意味**フ**明だ。（ア負　イ夫　ウ不）

四

次の上の漢字の**太い画**のところは**筆順の何画目**か、下の漢字の**総画数**《そう》**は何画**か、**算用数字**(1、2、3…)で答えなさい。

1点×10問 /10

〈例〉雨……(4)
〈例〉歌……(14)

1 司 (　　)
2 媛 (　　)
3 官 (　　)
4 求 (　　)
5 敗 (　　)

6 最 (　　)
7 満 (　　)
8 照 (　　)
9 続 (　　)
10 特 (　　)

五

次の漢字の読みは、**音読み(ア)**ですか、**訓読み(イ)**ですか。**記号**で答えなさい。

2点×10問 /20

〈例〉氷《こおり》 → (イ)

1 初《はつ》 (　　)
2 旗《はた》 (　　)

6 街《まち》 (　　)
7 節《ふし》 (　　)

七

次の――線の**カタカナ**を○**の中の漢字**と**送りがな(ひらがな)**で答えのらんに書きなさい。

2点×7問 /14

〈例〉休　公園のベンチで**ヤスム**。　休む

1 群　アリが甘い物に**ムラガル**。
2 産　もうじき子ねこが**ウマレル**。
3 散　火花をまき**チラス**。
4 祝　お**イワイ**のケーキを買って帰る。
5 選　書店で買う本を**エラブ**。
6 伝　ほんとうの心が**ツタワル**。
7 帯　トレーニングが熱を**オビル**。

1	2	3	4	5	6	7

3 臣《しん》（　　）
4 害《がい》（　　）
5 徒《と》（　　）

8 岡《おか》（　　）
9 席《せき》（　　）
10 徳《とく》（　　）

六

後の□の中のひらがなを漢字になおして、意味が反対や対《つい》になることば（対義語《ぎ》）を書きなさい。□の中のひらがなは**一度だけ**使い、答えのらんに**漢字一字**を書きなさい。

／10
2点×5問

〈例〉前期―［後］期

1 海洋―□地
2 上空―□空
3 中心―周□
4 遠方―□近
5 温める―□ます

てい　ふ　さ　へん　りく

八

次の**部首のなかま**の漢字で、□にあてはまる**漢字一字**を、答えのらんに書きなさい。

／20
2点×10問

〈例〉言（ごんべん）……［詩］《し》集・合［計］《けい》

ア 木（き）
答［1］《あん》・約［2］《そく》・［3］《とう》洋

イ 艹（くさかんむり）
育［4］《えい》・白［5］《さい》・手［6］《げい》

ウ 氵（さんずい）
大［7］《りょう》・［8］《ち》安・血［9］《せい》・［10］《な》き顔

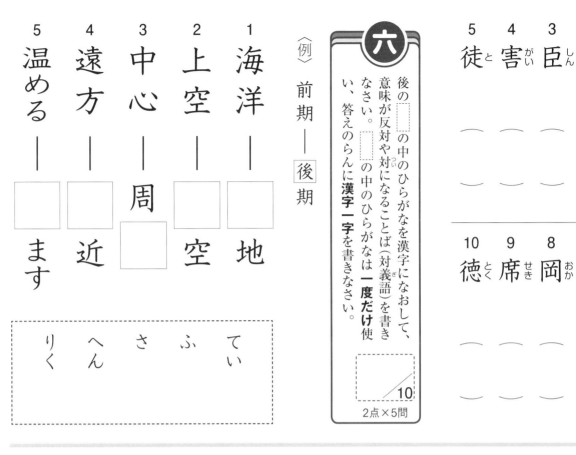

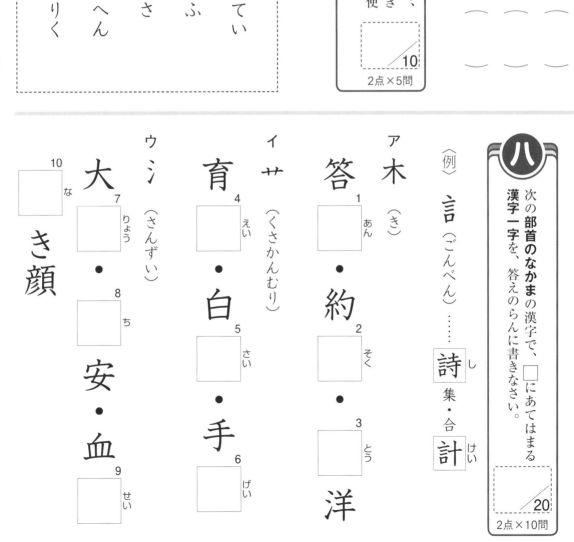

九

次の――線のカタカナを漢字になおして答えのらんに書きなさい。

16

2点×8問

1 日本は四キがはっきりしている。

2 キ会があれば行ってみたい。

3 参カン日には父が来てくれた。

4 海外ニュースにカン心を持つ。

5 手紙に時コウのあいさつを書く。

6 コウ名心にはやって失敗した。

7 ジ童公園に遊びに行く。

8 高いレベルをジ続する。

十

次の――線のカタカナを漢字になおして答えのらんに書きなさい。

40

2点×20問

1 役目をきちんとハたす。

2 一人になって冷セイに考えてみる。

3 体力の向上にツトめる。

4 図書館のリ用カードを作った。

5 一番乗りを目指してイサんで行く。

6 海外にはけんするヘイ力をふやす。

7 また言いアラソいが始まった。

8 えん道で駅デンの応《おう》えんをする。

9 おし花のヒョウ本を作った。

十

上の漢字と下の□の中の漢字を組み合わせて二字のじゅく語を二つ作り、答えのらんに記号で書きなさい。

2点×10問　/20

〈例〉水　（エ）水　水（イ）
ア空　イ泳　ウ青　エ海　オ体

（一）軍
1（　）軍　軍 2（　）
ア地　イ人　ウ形　エ空　オ星

（二）刷
3（　）刷　刷 4（　）
ア新　イ院　ウ印　エ書　オ紙

（三）察
5（　）察　察 6（　）
ア感　イ知　ウ見　エ表　オ考

（四）輪
7（　）輪　輪 8（　）
ア唱　イ社　ウ点　エ車　オ歌

（五）連
9（　）連　連 10（　）
ア月　イ国　ウ友　エ例　オ日

10 **レイ**文をあげて説明する。
11 足首の内**ガワ**にいたみがある。
12 見つけ出す方**ホウ**を考える。
13 メンバーが一人、けがで**カ**けた。
14 夏休みの体**ケン**を作文に書く。
15 **ウメ**の花のかおりがする。
16 三面**キョウ**に横顔をうつす。
17 何も**ナ**い一日だった。
18 風船を空に**ト**ばす。
19 木を**カ**工してつくえを作る。
20 **ワラ**う門《かど》には福来《きた》る

10	11	12	13	14	15	16	17	18	19	20

実力チェック!!

本試験型《がた》テスト

第3回

140点以上で合格！

制限時間 60分

月　日

/200

答え→別さつ P.22

一

次の――線の**漢字の読み**を**ひらがな**で答えのらんに書きなさい。

/20

1点×20問

1 世界はなぞに**満**ちている。

2 駅の前で友だちと**別**れた。

3 **最強**のチームで世界にいどむ。

4 らくだに乗った**隊商**が行く。

5 新しい**建物**が町内にふえてきた。

6 町には**自然**がたくさん残っている。

7 めんどうな手間を**省**く。

8 角のパン屋が**目印**だ。

二

次の各組の――線の**漢字の読み**を**ひらがな**で答えのらんに書きなさい。

/10

1点×10問

1 住んでいる場所は港町として**栄**えた。

2 **栄養**価《か》の高い食品をとる。

3 **街灯**があるので安心だ。

4 にぎやかな**街**をぬけて海に出る。

5 冬は**静電気**が起きやすい。

6 **静**かに自習するよう注意された。

7 チームの**順位**が少し上がった。

8 十の**位**のかけ算を行う。

9 幸せを**追求**する。

10 青い鳥を**求**めて旅に出る。

9 両面テープでパーツを固定する。
10 宿題を家に置きわすれた。
11 命に関わる大けがをした。
12 倉から古い本を取り出す。
13 単調な作業にあきてしまった。
14 一の位をくり上げる。
15 木製《せい》の表札を手作りする。
16 新しいシステムを試行する。
17 駅の近辺まで歩く。
18 無事に着いたと電話で知らせる。
19 流星の写真をとるのに成功した。
20 便りがないのはよい便り

三

次の――線のカタカナに合う漢字をえらんで答えのらんに記号で書きなさい。

/20

2点×10問

1 消化器カンが弱っている。（ア 管　イ 間　ウ 官）
2 ケイ輪は国際語になっている。（ア 計　イ 競　ウ 軽）
3 ここは米の集サン地だ。（ア 散　イ 参　ウ 算）
4 コーラスでテイ音部を受け持つ。（ア 底　イ 低　ウ 定）
5 祖父が自デンを書き始めた。（ア 電　イ 田　ウ 伝）
6 みなで食べるには分リョウが足りない。（ア 料　イ 量　ウ 両）
7 南キョクにはペンギンがいる。（ア 局　イ 曲　ウ 極）
8 セツ度を守って行動しよう。（ア 節　イ 切　ウ 折）
9 植木に水をやるのが日カだ。（ア 科　イ 課　ウ 化）
10 交通安全のヒョウ語を作る。（ア 票　イ 標　ウ 表）

四

次の上の漢字の**太い画**のところは**筆順の何画目**か、下の漢字の**総**《そう》**画数は何画**か、**算用数字**（1、2、3…）で答えなさい。

1点×10問　/10

〈例〉雨……（4）

〈例〉歌……（14）

1 改（　）（　）
2 産（　）（　）
3 茨（　）（　）
4 変（　）（　）
5 争（　）（　）
6 飛（　）（　）
7 覚（　）（　）
8 候（　）（　）
9 梅（　）（　）
10 達（　）（　）

五

次の漢字の読みは、**音読み（ア）**ですか、**訓読み（イ）**ですか。**記号**で答えなさい。

2点×10問　/20

〈例〉氷《こおり》→（イ）

1 末《まつ》（　）（　）
2 菜《な》（　）（　）
6 佐《さ》（　）（　）
7 的《まと》（　）（　）

七

次の――線の**カタカナを○の中の漢字と送りがな（ひらがな）**で答えのらんに書きなさい。

2点×7問　/14

〈例〉休　公園のベンチで**ヤスム**。　休む

1 建　新しく家を**タテル**。
2 働　**ハタラキ**バチが飛ぶ。
3 固　きん張《ちょう》からか動きが**カタイ**。
4 借　図書館で本を**カリル**。
5 唱　新しい学説を**トナエル**。
6 浴　春の光を全身に**アビル**。
7 必　毎日**カナラズ**予習をする。

1	2	3	4	5	6	7

3 関《せき》（　　）
4 束《たば》（　　）
5 察《さつ》（　　）

8 法《ほう》（　　）
9 順《じゅん》（　　）
10 夫《おっと》（　　）

六

後の[　]の中のひらがなを漢字になおして、意味が反対や対《つい》になることば（対義《ぎ》語）を書きなさい。[　]の中のひらがなは**一度だけ**使い、答えのらんに**漢字一字**を書きなさい。

/10
2点×5問

〈例〉前期——[後]期

1 悪天——[　]天
2 平行——交[　]
3 出席——[　]席
4 活動——休[　]
5 気体——[　]体

けっ　よう　こう　さ　こ

八

次の**部首のなかま**の漢字で、□にあてはまる**漢字一字**を、答えのらんに書きなさい。

/20
2点×10問

〈例〉言（ごんべん）……[詩]《し》集・合[計]《けい》

ア 力（ちから）
[1]《か》筆・[2]《ろう》働・[3]《しょう》負

イ 禾（のぎへん）
人[4]《しゅ》・[5]《せき》年・[6]《びょう》速

ウ 扌（てへん）
左[7]《せつ》・代[8]《だ》・固[9]《じ》・[10]《とう》球

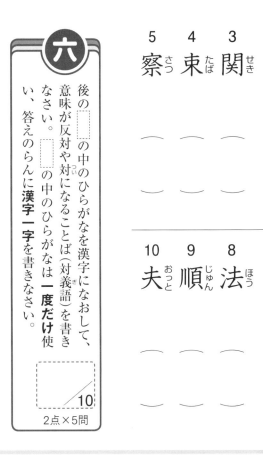

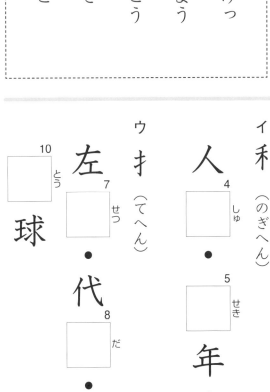

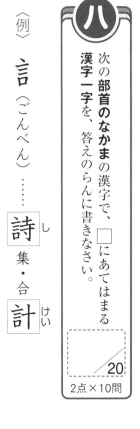

九

次の――線のカタカナを漢字になおして答えのらんに書きなさい。

／16
2点×8問

1 それはすばらしい名**アン**だ。
2 **アン**室で写真を現像《げんぞう》する。

3 麦**ガ**からビールができる。
4 パソコンの**ガ**面は十七インチだ。

5 **フ**死鳥のようによみがえる。
6 家の**フ**近まで送ってもらう。

7 悪いことが起こる前**チョウ**だ。
8 銀行で通**チョウ**記入をする。

十

次の――線のカタカナを漢字になおして答えのらんに書きなさい。

／40
2点×20問

1 ついに**タタカ**いの火ぶたが切られた。
2 今日は海の記**ネン**日だ。
3 **ハ**てのない旅に出てみたい。
4 あまりのことに言葉を**ウシナ**う。
5 新しい文部科学大**ジン**が決まった。
6 この**グン**内では一番強いチームだ。
7 古い家が**ツラ**なる一角だ。
8 今週は**キュウ**食当番だ。
9 雲が切れて日が**テ**ってきた。

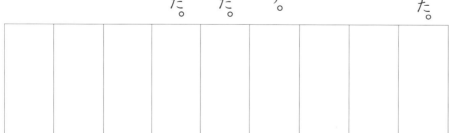

十

上の漢字と下の［　］の中の漢字を組み合わせて**二字のじゅく語を二つ作り、**答えのらんに**記号**で書きなさい。

／20
2点×10問

〈例〉水　（エ）水　水（イ）
［ア空　イ泳　ウ青　エ海　オ体］

(一) 害
1（　）害　害 2（　）
［ア有　イ悲　ウ悪　エ令　オ気］

(二) 料
3（　）料　料 4（　）
［ア改　イ金　ウ位　エ材　オ変］

(三) 協
5（　）協　協 6（　）
［ア農　イ化　ウ員　エ事　オ会］

(四) 民
7（　）民　民 8（　）
［ア皿　イ国　ウ間　エ類　オ感］

(五) 陸
9（　）陸　陸 10（　）
［ア外　イ軍　ウ固　エ内　オ方］

10 機**カイ**の調子を見て回る。

11 自他**トモ**にみとめる。

12 商品を**ソウ**庫にしまう。

13 海岸ぞいの**マツ**並《なみ》木を歩く。

14 赤ちゃんの**ナ**き声はかわいい。

15 日本の**ミ**来を考える。

16 世界の国**キ**がかかげられた。

17 歯のいたみがやっと**オサ**まった。

18 百万ドルの夜**ケイ**として有名だ。

19 **セイ**流でアユが泳ぐ。

20 のど元過《す》ぎれば**アツ**さをわすれる

20	19	18	17	16	15	14	13	12	11	10

実力チェック!!

本試験型《がた》テスト 第4回

140点以上で合格！

制限時間 60分

月 日

/200

答え → 別さつ P.24

一

次の――線の**漢字の読み**を**ひらがな**で答えのらんに書きなさい。

/20 1点×20問

1 場内は**観客**でいっぱいだ。

2 **底**が見えるほどきれいな湖だ。

3 正月に**鏡**もちをかざる。

4 円の**直径**をはかってみる。

5 父と神社にお**参**りに行く。

6 **英語**なら少し話せる。

7 今日は**日差**しが強い。

8 民家の庭先に**鹿**が現《あらわ》れる。

二

次の各組の――線の**漢字の読み**を**ひらがな**で答えのらんに書きなさい。

/10 1点×10問

1 **明治**時代に鉄道が開通した。

2 国を平和に**治**める。

3 **予選**をなんとか勝ち上がる。

4 どちらを**選**んでもかまわない。

5 今年も白鳥が**飛来**してきた。

6 空を**飛**ぶつばさがほしい。

7 **小説**家をめざして本を読む。

8 言葉の意味を**説**き明かす。

9 先を**争**って電車に乗る。

10 自然界の生ぞん**競争**はきびしい。

9 **以前**来たことがある場所だ。（　　）（　　）

10 ゆかたの**帯**をしめてもらう。（　　）（　　）

11 おかしくて**笑**いが止まらない。（　　）（　　）

12 **約束**の時間に間に合った。（　　）（　　）

13 信号が**変**わるのを待つ。（　　）（　　）

14 **勇気**を持って立ち向かう。（　　）（　　）

15 学校の帰り道で**名案**が浮かぶ。（　　）（　　）

16 うちの犬が子犬を**産**んだ。（　　）（　　）

17 手心を**加**える。（　　）（　　）

18 **一輪**の花をテーブルにかざる。（　　）（　　）

19 証明書が**交付**された。（　　）（　　）

20 **浅**い川も深くわたれ（　　）（　　）

三

次の——線の**カタカナ**に合う**漢字**をえらんで答えのらんに**記号**で書きなさい。

／20

2点×10問

1 食**エン**水を使った実験をする。（ア 円　イ 園　ウ 塩）（　　）（　　）

2 わずかな**キ**望をいだいている。（ア 気　イ 希　ウ 季）（　　）（　　）

3 先生が出**ケツ**を取る。（ア 欠　イ 結　ウ 決）（　　）（　　）

4 左**セツ**する車に注意する。（ア 切　イ 折　ウ 節）（　　）（　　）

5 学校で一番の**ド**力家だ。（ア 度　イ 土　ウ 努）（　　）（　　）

6 **バイ**林は今花ざかりだ。（ア 梅　イ 売　ウ 倍）（　　）（　　）

7 クラスの**フク**委員長になった。（ア 福　イ 服　ウ 副）（　　）（　　）

8 むずかしい問題を内**ホウ**している。（ア 包　イ 法　ウ 方）（　　）（　　）

9 教**ヨウ**を高める。（ア 用　イ 様　ウ 養）（　　）（　　）

10 全員の力で勝**リ**をつかむ。（ア 理　イ 里　ウ 利）（　　）（　　）

四

次の上の漢字の**太い画**のところは**筆順の何画目**か、下の漢字の**総画数**《そう》**は何画**か、**算用数字**(1、2、3…)で答えなさい。

1点×10問　/10

〈例〉雨……(4)

〈例〉歌……(14)

1 別(　)
2 周(　)
3 低(　)
4 単(　)
5 印(　)
6 要(　)
7 熱(　)
8 管(　)
9 静(　)
10 置(　)

五

次の漢字の読みは、**音読み(ア)**ですか、**訓読み(イ)**ですか。**記号**で答えなさい。

2点×10問　/20

〈例〉氷《こおり》→(イ)

1 辺《べ》(　)
2 令《れい》(　)
6 械《かい》(　)
7 松《まつ》(　)

七

次の──線の**カタカナ**を**○の中の漢字と送りがな(ひらがな)**で答えのらんに書きなさい。

2点×7問　/14

〈例〉休　公園のベンチでヤスム。　休む

1 照　月光が庭をテラス。
2 省　細かい話はハブク。
3 続　ピアノの練習をツヅケル。
4 無　悪いところをナクス。
5 良　都合がヨケレば会いたい。
6 失　にげ場をウシナウ。
7 改　外出前に身なりをアラタメル。

1	2	3	4	5	6	7

3 位《くらい》（　　）

4 果《か》（　　）

5 札《ふだ》（　　）

8 灯《とう》（　　）

9 未《み》（　　）

10 側《がわ》（　　）

六

後の□の中のひらがなを漢字になおして、意味が反対や対《つい》になることば（対義語《ぎ》）を書きなさい。□の中のひらがなは**一度だけ**使い、答えのらんに**漢字一字**を書きなさい。

/10　2点×5問

〈例〉 前期 ― 後期

1 最後 ― 最□

2 消極 ― □極

3 客車 ― □車

4 円満 ― 不□

5 明日 ― □日

なか　しょ　さく　か　せっ

八

次の**部首のなかま**の漢字で、□にあてはまる**漢字一字**を、答えのらんに書きなさい。

/20　2点×10問

〈例〉 言（ごんべん）……詩《し》集・合計《けい》

ア 言（ごんべん）
1 □《ぎ》会・2 □《ちょう》子・相3 □《だん》

イ 人（ひとやね）
4 □《かい》場・5 □《こん》後・6 □《そう》庫

ウ 心（こころ）
7 □《ひっ》見・8 □《きゅう》行・友9 □《あい》
入10 □《ねん》

九

次の——線のカタカナを漢字になおして答えのらんに書きなさい。

/16　2点×8問

1 夜になっても勝ハイが決まらない。

2 トラックで荷物をハイ送する。

3 労ドウ者を守る決まりがある。

4 クラブ活ドウで帰りがおそくなる。

5 ダイバーが海テイのごみ拾いをする。

6 遠足は十月一日に決テイした。

7 父の日のプレゼントはセイ酒に決めた。

8 姉は来年セイ人式をむかえる。

十

次の——線のカタカナを漢字になおして答えのらんに書きなさい。

/40　2点×20問

1 姉がけっこん式をアげた。

2 石キ時代の文化を調べる。

3 コンクリートをカタめる。

4 心ノコりが一つだけある。

5 放カ後の校庭で遊ぶ。

6 思い通りの結カが出た。

7 おイワいのカードをもらった。

8 シュ類が多くてまよってしまう。

9 冬は青ナが高い。

十

上の漢字と下の□の中の漢字を組み合わせて**二字のじゅく語を二つ作り、記号**で書きなさい。

2点×10問　／20

〈例〉水　ア空　イ泳　ウ青　エ海　オ体
（エ）水　水（イ）

（一）願　ア付　イ書　ウ司　エ念　オ案
1（　）願　願（　）2

（二）材　ア人　イ台　ウ料　エ特　オ作
3（　）材　材（　）4

（三）静　ア清　イ約　ウ養　エ安　オ栄
5（　）静　静（　）6

（四）録　ア木　イ音　ウ参　エ紙　オ目
7（　）録　録（　）8

（五）好　ア友　イ勇　ウ機　エ暗　オ以
9（　）好　好（　）10

10 **ト**歩で毎日通っている。
11 気持ちが**ツタ**わる手紙だ。
12 道路の交通**リョウ**を調べる。
13 **カク**自あたえられた役目をこなす。
14 相手チームの強さに**カン**敗だ。
15 つくえの上が**チ**らかっている。
16 主人公の思いに**キョウ**感する。
17 夕食前に入**ヨク**をすませた。
18 校歌を合**ショウ**する。
19 昔ここには**セキ**所があった。
20 同じかまの**メシ**を食う

10	11	12	13	14	15	16	17	18	19	20

実力チェック!!

本試験型《がた》テスト 第5回

140点以上で合格！

制限時間 60分

月 日

/200

答え→別さつ P.26

一

次の――線の**漢字の読み**を**ひらがな**で答えのらんに書きなさい。

1点×20問 /20

1 ポスターを千部**刷**った。

2 夕**焼**けの空が美しい。

3 今月に入って**初**めての休日だ。

4 **陸上**きょうぎ大会で上位に入った。

5 この駅で**特急**列車に乗りかえる。

6 **英会話**のレッスンを受ける。

7 **周辺**は何もないさびしい所だ。

8 チームの**要**となる人物だ。

二

次の各組の――線の**漢字の読み**を**ひらがな**で答えのらんに書きなさい。

1点×10問 /10

1 **固形**スープを湯にとかす。

2 **固**いあく手をかわす。

3 気温と風の**関係**を調べる。

4 学校の給食**係**は当番制《せい》だ。

5 **倉庫**に食品をしまう。

6 **倉**の中でねずみが走り回る。

7 全長五キロの**周回**コースだ。

8 首の**周**りにスカーフをまく。

9 **入梅**はだいたい六月ごろだ。

10 青い**梅**の実をかごに入れる。

9 **末**っ子なのであまやかされている。（　　）

10 たくさんの牛が**放牧**されている。（　　）

11 **長官**の車が駅に着いた。（　　）

12 **的**はずれな意見を言ってしまった。（　　）

13 **管**をまいて人をこまらせる。（　　）

14 **児童**公園に行って遊ぶ。（　　）

15 **手塩**にかけて育てる。（　　）

16 イタリア**料理**の店に食べに行く。（　　）

17 **時折**思い出すことがある。（　　）

18 勇気を出して**茨**の道を進む。（　　）

19 お医者さんは**白衣**を着ている。（　　）

20 水**清**ければ魚すまず（　　）

三

次の――線の**カタカナ**に合う**漢字**をえらんで答えのらんに**記号**で書きなさい。

／20
2点×10問

1 味方チームに十点**カ**算された。（ア 化　イ 科　ウ 加）（　　）

2 父の月**キュウ**日は毎月二十五日だ。（ア 休　イ 給　ウ 究）（　　）

3 すごしやすい気**コウ**になった。（ア 候　イ 交　ウ 向）（　　）

4 山**サイ**を取りに山に入る。（ア 細　イ 才　ウ 菜）（　　）

5 かんきょうを守る取り決めに調**イン**した。（ア 印　イ 員　ウ 引）（　　）

6 このところしばらく音**シン**がない。（ア 信　イ 神　ウ 真）（　　）

7 全員着**セキ**したら始める。（ア 積　イ 席　ウ 石）（　　）

8 委員長を**セン**出する。（ア 先　イ 線　ウ 選）（　　）

9 熱**タイ**魚が泳ぐのをながめる。（ア 体　イ 帯　ウ 隊）（　　）

10 何回も改**リョウ**を重ねる。（ア 良　イ 両　ウ 量）（　　）

四

次の上の漢字の**太い画**のところは**筆順の何画目**か、下の漢字の**総《そう》画数は何画**か、**算用数字**（1、2、3…）で答えなさい。

1点×10問　／10

〈例〉雨……（4）

〈例〉歌……（14）

1 氏（　　）
2 議（　　）
3 械（　　）
4 隊（　　）
5 試（　　）

6 察（　　）
7 散（　　）
8 億（　　）
9 種（　　）
10 梨（　　）

五

次の漢字の読みは、**音読み（ア）**ですか、**訓読み（イ）**ですか。**記号**で答えなさい。

2点×10問　／20

〈例〉氷《こおり》→（イ）

1 輪《わ》（　　）
2 街《まち》（　　）

6 漁《りょう》（　　）
7 然《ぜん》（　　）

七

次の――線の**カタカナを○の中の漢字と送りがな（ひらがな）**で答えのらんに書きなさい。

2点×7問　／14

〈例〉（休）公園のベンチで**ヤスム**。　休む

1 （覚）小さい物音で目が**サメル**。
2 （治）薬をのんでかぜを**ナオス**。
3 （求）この場での返答を**モトメル**。
4 （欠）思いやりに**カケル**。
5 （静）**シズカナ**音楽が流れている。
6 （包）夜のやみが森を**ツツム**。
7 （努）学力向上に**ツトメル**。

1	2	3	4	5	6	7

3 共《とも》（　　）

4 阜《ふ》（　　）

5 愛《あい》（　　）

8 孫《まご》（　　）

9 標《ひょう》（　　）

10 飯《めし》（　　）

六

後の□の中のひらがなを漢字になおして、意味が反対や対《つい》になることば（対義語《ぎ》）を書きなさい。□の中のひらがなは**一度だけ**使い、答えのらんに**漢字一字**を書きなさい。

/10

2点×5問

〈例〉 前期―後期

1 有名―□名

2 連発―□発

3 熱湯―□水

4 入学―□業

5 会う―□れる

たん　そつ　む　わか　れい

八

次の**部首のなかま**の漢字で、□にあてはまる**漢字一字**を、答えのらんに書きなさい。

/20

2点×10問

〈例〉 言（ごんべん）……詩《し》集・合計《けい》

ア 彳（ぎょうにんべん）

1□《と》労・半2□《けい》・期3□《たい》

イ 广（まだれ）

川4□《ぞこ》・最高学5□《ふ》・健6□《こう》

ウ 口（くち）

7□《しょう》店・定8□《いん》・楽9□《き》・10□《くん》主

九

次の――線のカタカナを漢字になおして答えのらんに書きなさい。

2点×8問　/16

1 新しい体育館がカン成した。
2 ひざのカン節がいたい。
3 レフト線へのヒ球はファウルになった。
4 真夜中に遠くからヒ鳴が聞こえた。
5 ネンのため電話番号を聞いておく。
6 古代から現代《げんだい》までのネン表を作る。
7 夜間ショウ明がつけられた。
8 合ショウコンクールが開さいされた。

十

次の――線のカタカナを漢字になおして答えのらんに書きなさい。

2点×20問　/40

1 夏のキャンプの反セイ会を開く。
2 ばらの花タバを買う。
3 集中力をヤシナう。
4 伝ピョウを発行してもらう。
5 負けたときは白ハタをあげる。
6 お会いできて光エイです。
7 ケーキの箱をリボンでムスぶ。
8 一対二でおしくもヤブれた。
9 全員でキョウカし合う。

十

上の漢字と下の[ ]の中の漢字を組み合わせて**二字のじゅく語を二つ作り、**答えのらんに**記号**で書きなさい。

/20
2点×10問

〈例〉水 （エ）水 水（イ）
ア空 イ泳 ウ青 エ海 オ体

(一) 果
1（ ）果 果（ ）2
ア林 イ実 ウ草 エ芽 オ戦

(二) 挙
3（ ）挙 挙（ ）4
ア高 イ未 ウ列 エ行 オ頭

(三) 訓
5（ ）訓 訓（ ）6
ア教 イ記 ウ録 エ読 オ書

(四) 司
7（ ）司 司（ ）8
ア力 イ上 ウ転 エ役 オ法

(五) 順
9（ ）順 順（ ）10
ア回 イ風 ウ変 エ打 オ流

10 体調不良で学校を病**ケツ**した。
11 外国語の**ジ**書が何さつもある。
12 バラには多くの品**シュ**がある。
13 夏休みに小鳥の**ス**箱を作る。
14 市**ミン**会館でコンサートが行われた。
15 姉は大学の同級生を**オット**とした。
16 公**ガイ**が社会問題になっている。
17 **ノゾ**みどおりのプレゼントをもらう。
18 弟は兄に**キョウ**争心を持っている。
19 学**ゲイ**会で主役になった。
20 **トウ**台もと暗し

実力チェック!!

本試験型《がた》テスト 第6回

140点以上で合格!

制限時間 60分

月 日

/200

答え→別さつ P.28

一

次の――線の**漢字の読み**を**ひらがな**で答えのらんに書きなさい。

1点×20問 /20

1 反対意見を強く**唱**える。

2 二人の**大関**がぶつかり合った。

3 **消灯**時間は午後九時だ。

4 今日の**課題**をすませてから遊ぶ。

5 **選**びぬかれた名品ぞろいだ。

6 近くの道路で**水道管**の工事が始まる。

7 あの人はスポーツ界の**功労**者だ。

8 **街**の明かりがともった。

二

次の各組の――線の**漢字の読み**を**ひらがな**で答えのらんに書きなさい。

1点×10問 /10

1 スイカに**塩**をふって食べる。

2 **塩分**のとり過《す》ぎには注意したい。

3 弟はサッカーに**熱中**している。

4 **熱**いおふろで体をあたためる。

5 流行に**便乗**した商法だ。

6 海外にいる父から**便**りがあった。

7 **松竹梅**の三つのランクに分ける。

8 **松**の実の入ったおかしを食べる。

9 **低調**なすべり出しだ。

10 雲が**低**くたれこめている。

9 けがが**治**るまでには時間がかかる。

10 **景気**がやっと上向いてきた。

11 今日は一年で**最**も昼が短い日だ。

12 うちの犬はとても**利口**だ。

13 物語の**結末**が楽しみだ。

14 どんなときでも**平静**をよそおう。

15 元気が**無**くて心配だ。

16 年が**改**まって十日になる。

17 とても明るい**満月**だった。

18 小さい時から**英才**教育を受ける。

19 かぜのウイルスが**飛散**する。

20 なせば**成**る

三

次の——線の**カタカナ**に合う**漢字**をえらんで答えのらんに**記号**で書きなさい。

/20 2点×10問

1 **キ**節の変わり目は体調に注意したい。（ア 希　イ 季　ウ 器）

2 世界**カク**地をおとずれる。（ア 画　イ 角　ウ 各）

3 しばらく家で待**キ**する。（ア 機　イ 期　ウ 気）

4 父は夏休みを二回に分**サン**した。（ア 産　イ 散　ウ 参）

5 公共工事を落**サツ**する。（ア 刷　イ 察　ウ 札）

6 実**ドウ**時間は週四十時間だ。（ア 同　イ 働　ウ 童）

7 予**ヤク**しておいた商品を受け取る。（ア 約　イ 役　ウ 薬）

8 次回の議題を**キョウ**議する。（ア 共　イ 競　ウ 協）

9 命**レイ**にしたがう。（ア 礼　イ 令　ウ 例）

10 神に**ガン**をかける。（ア 岩　イ 顔　ウ 願）

四

次の上の漢字の**太い画**のところは**筆順の何画目**か、下の漢字の**総**《そう》**画数は何画**か、**算用数字**(1、2、3…)で答えなさい。

1点×10問　/10

〈例〉雨……(4)
〈例〉歌……(14)

1 参(　)(　)
2 不(　)(　)
3 衣(　)(　)
4 的(　)(　)
5 牧(　)(　)

6 旗(　)(　)
7 案(　)(　)
8 便(　)(　)
9 孫(　)(　)
10 飯(　)(　)

五

次の漢字の読みは、**音読み(ア)**ですか、**訓読み(イ)**ですか。**記号**で答えなさい。

2点×10問　/20

〈例〉氷《こおり》→(イ)

1 必《ひつ》(　)(　)
2 塩《しお》(　)(　)

6 種《たね》(　)(　)
7 完《かん》(　)(　)

七

次の――線の**カタカナ**を○**の中の漢字と送りがな(ひらがな)**で答えのらんに書きなさい。

2点×7問　/14

〈例〉(休) 公園のベンチで**ヤスム**。　休む

1 (試) 新しい方法を**ココロミル**。
2 (固) ゼラチンを**カタメル**。
3 (散) 本が部屋中に**チラカル**。
4 (量) 湯上がりに体重を**ハカル**。
5 (辺) この**アタリ**は畑が多い。
6 (残) **ノコッ**たケーキを分ける。
7 (周) 家の**マワリ**は花でいっぱいだ。

3 説《せつ》（　　）
4 梅《うめ》（　　）
5 鏡《かがみ》（　　）

8 折《おり》（　　）
9 特《とく》（　　）
10 陸《りく》（　　）

六

後の［　］の中のひらがなを漢字になおして、意味が反対や対《つい》になることば（対義語《ぎ》）を書きなさい。［　］の中のひらがなは**一度だけ**使い、答えのらんに**漢字一字**を書きなさい。

／10
2点×5問

〈例〉前期―［後］期

1 上席―［　］席
2 平和―［　］争
3 遠心―［　］心
4 笑う―［　］く
5 先生―生［　］

と　せん　な　まっ　きゅう

八

次の**部首のなかま**の漢字で、［　］にあてはまる**漢字一字**を、答えのらんに書きなさい。

／20
2点×10問

〈例〉言（ごんべん）……［詩］し　集・合［計］けい

ア 儿（ひとあし・にんにょう）
1［　］じ 童・一 2［　］ちょう 円・月 3［　］こう

イ 糸（いとへん）
4［　］けっ 集・連 5［　］ぞく・新 6［　］りょく

ウ 亻（にんべん）
7［　］しゃっ 金・時 8［　］こう・強 9［　］けん

十 10［　］おく 人

九

次の――線の**カタカナ**を**漢字**になおして答えのらんに書きなさい。

16

2点×8問

1 **ミ**知の世界をたんけんする。

2 ふくろの中は正**ミ**五百グラムだ。

3 日本は温**タイ**にある国だ。

4 **タイ**長はいつも先頭に立つ。

5 すっかり自**シン**がなくなった。

6 国王に**シン**下として仕える。

7 **グン**事力を持たない。

8 市町村合へいで**グン**の数がへった。

十

次の――線の**カタカナ**を**漢字**になおして答えのらんに書きなさい。

40

2点×20問

1 雲の形が**カ**わるのをながめる。

2 オリンピックは平和の祭**テン**だ。

3 先生にほめられて**テ**れる。

4 学校から母へ**デン**言があった。

5 父は会社の**フク**社長だ。

6 **ヒ**えた麦茶を飲む。

7 **キョウ**台の前でかみの毛をとかす。

8 **コウ**物はカレーライスだ。

9 **オ**いてますます元気でいる。

十

上の漢字と下の□の中の漢字を組み合わせて**二字のじゅく語を二つ作り、**答えのらんに**記号**で書きなさい。

/20
2点×10問

〈例〉水 ア空 イ泳 ウ青 エ海 オ体
（エ）水 水（イ）

（一）**器** ア事 イ官 ウ水 エ大 オ様
1（　）器 器2（　）

（二）**差** ア小 イ径 ウ別 エ線 オ感
3（　）差 差4（　）

（三）**初** ア冬 イ気 ウ時 エ当 オ良
5（　）初 初6（　）

（四）**課** ア努 イ題 ウ令 エ争 オ日
7（　）課 課8（　）

（五）**達** ア広 イ行 ウ速 エ人 オ深
9（　）達 達10（　）

10 **フシ**あなから外をのぞく。

11 できて当**ゼン**と思われている。

12 十分**イ**内に出かけよう。

13 **ヨウ**点をまとめてノートに書く。

14 出国手**ツヅ**きがまだ終わらない。

15 すいせんの**メ**が土から顔を出した。

16 ごひいきのチームが**レン**勝している。

17 金魚ばちの**ソコ**に小石をしく。

18 手紙の消**イン**は二日前だ。

19 都道**フ**県の知事がそろった。

20 ちりも**ツ**もれば山となる。

実力チェック!!

本試験型《がた》テスト 第7回

140点以上で合格！

制限時間 60分

月　日

/200

答え → 別さつ P.30

一

次の――線の**漢字の読み**を**ひらがな**で答えのらんに書きなさい。

/20　1点×20問

1 明日への英気を**養**う。

2 泣くまいと**努**める。

3 **健全**な社会をめざそう。

4 パソコンを**各種**取りそろえる。

5 **願**いごとを短冊《ざく》に書く。

6 **借地**だった所を買い取った。

7 集中こうげきを**浴**びせる。

8 学校の文化祭に**参加**した。

二

次の各組の――線の**漢字の読み**を**ひらがな**で答えのらんに書きなさい。

/10　1点×10問

1 さんせいの人は**挙手**してください。

2 花の名を思いつくだけ**挙**げる。

3 **年輪**を重ねる。

4 感動の**輪**が広がる。

5 ロケットの打ち上げは**失敗**だった。

6 **敗**れたチームにもはく手を送る。

7 この公園は町が**管理**している。

8 竹の**管**で流しそうめんをする。

9 **年末**の大そうじをする。

10 苦しんだ**末**の優《ゆう》勝だった。

9 **折角**の親切がむだになった。

10 **包**みかくさずすべてを話す。

11 気が**散**って勉強がはかどらない。

12 宇宙《うちゅう》での**戦**いをえがいたアニメだ。

13 市街地からはなれた**郡部**に移《うつ》り住む。

14 家族そろって新年を**祝**う。

15 新しい**試**みとして注目される。

16 **標高**二千メートルの山に登る。

17 会えなくて**残念**だった。

18 母ににぎり**飯**を作ってもらう。

19 **特産**品のいちごを買った。

20 **案**ずるより産むがやすし

三

次の——線の**カタカナ**に合う**漢字**をえらんで答えのらんに**記号**で書きなさい。

/20　2点×10問

1 読みやすい文章にするため**カイ**行する。（ア 開　イ 会　ウ 改）

2 父は土**ケン**業をしている。（ア 研　イ 建　ウ 県）

3 強**コ**な意見を持っている。（ア 古　イ 固　ウ 戸）

4 日本は法**チ**国家だ。（ア 知　イ 置　ウ 治）

5 世界一**シュウ**の旅に出る。（ア 週　イ 周　ウ 終）

6 友だちと遊ぶ約**ソク**をした。（ア 息　イ 側　ウ 束）

7 寒さで指の感**カク**がなくなる。（ア 各　イ 覚　ウ 画）

8 都道**フ**県の名前を書く。（ア 府　イ 夫　ウ 付）

9 二等**ヘン**三角形を黒板に書く。（ア 変　イ 辺　ウ 返）

10 この夏は**レイ**夏ですずしかった。（ア 例　イ 礼　ウ 冷）

四

次の上の漢字の**太い画**のところは**筆順の何画目**か、下の漢字の**総《そう》画数は何画**か、**算用数字**（1、2、3…）で答えなさい。

1点×10問 ／10

〈例〉雨……（4）

〈例〉歌……（14）

1 関（　）（　）
2 成（　）（　）
3 望（　）（　）
4 臣（　）（　）
5 老（　）（　）
6 陸（　）（　）
7 選（　）（　）
8 競（　）（　）
9 焼（　）（　）
10 観（　）（　）

五

次の漢字の読みは、**音読み（ア）**ですか、**訓読み（イ）**ですか。**記号**で答えなさい。

2点×10問 ／20

〈例〉氷《こおり》→（イ）

1 量《りょう》（　）
2 印《しるし》（　）
6 借《しゃく》（　）
7 崎《さき》（　）

七

次の――線の**カタカナ**を○**の中の漢字**と**送りがな（ひらがな）**で答えのらんに書きなさい。

2点×7問 ／14

〈例〉休　公園のベンチでヤスム。　休む

1 果　お金を使いハタス。
2 静　さわぎがシズマル。
3 好　ピンク色をコノム。
4 残　夕食のおかずをノコス。
5 最　クラスでモットモ足が速い。
6 争　太陽と北風がアラソウ。
7 伝　うわさ話がツタワル。

1	2	3	4	5	6	7

3 栄《えい》（　　）
4 倉《くら》（　　）
5 卒《そつ》（　　）

8 熊《くま》（　　）
9 民《みん》（　　）
10 旗《はた》（　　）

六

後の□の中のひらがなを漢字になおして、意味が反対や対《つい》になることば（対義《ぎ》語）を書きなさい。□の中のひらがなは**一度だけ**使い、答えのらんに**漢字一字**を書きなさい。

□/10
2点×5問

〈例〉前期―後期

1 長所―□点
2 安心―心□
3 来年―□年
4 多芸―□芸
5 主食―□食

む　けっ　さく　ふく　ぱい

八

次の**部首のなかま**の漢字で、□にあてはまる**漢字一字**を、答えのらんに書きなさい。

□/20
2点×10問

〈例〉言（ごんべん）……詩《し》集・合計《けい》

ア 木（きへん）
南1□《きょく》・2□《き》会・3□《まつ》葉

イ 灬（れんが・れっか）
4□《ねっ》心・同5□《ぜん》・6□《しょう》会

ウ 言（ごんべん）
7□《せつ》明・学8□《か》・会9□《けい》・10□《くん》話

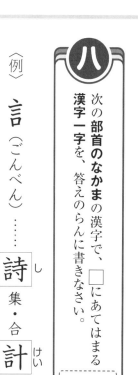

九

次の——線のカタカナを漢字になおして答えのらんに書きなさい。

16

2点×8問

1 祖《そ》父は海軍の水ヘイだった。

2 おやつを公ヘイに分ける。

3 テイ温でもやけどすることがある。

4 この三角すいのテイ面は正三角形だ。

5 おこってセキを立つ。

6 二と四のセキは八だ。

7 相手とリ害が対立する。

8 千リの道も一歩から始まる。

十

次の——線のカタカナを漢字になおして答えのらんに書きなさい。

40

2点×20問

1 おワカれの時間がやって来た。

2 育ジについての本を買う。

3 父は自動車学校の教カンをしている。

4 読書につかれて目薬をサす。

5 あの人はみんなのあこがれのマトだ。

6 上級生になることを自カクしよう。

7 ハジめての海外旅行に行った。

8 今年も新緑のキ節になった。

9 フ意に昔のことを思い出した。

十

上の漢字と下の［　］の中の漢字を組み合わせて**二字のじゅく語を二つ作り、**答えのらんに**記号**で書きなさい。

2点×10問　／20

〈例〉水
（エ）水　水（イ）
［ア空　イ泳　ウ青　エ海　オ体］

（一）辞
1（　）辞　辞 2（　）
［ア見　イ式　ウ表　エ口　オ録］

（二）結
3（　）結　結 4（　）
［ア終　イ算　ウ止　エ合　オ始］

（三）菜
5（　）菜　菜 6（　）
［ア料　イ小　ウ前　エ理　オ食］

（四）児
7（　）児　児 8（　）
［ア仲　イ童　ウ衣　エ園　オ特］

（五）愛
9（　）愛　愛 10（　）
［ア徒　イ着　ウ親　エ思　オ考］

---

10 来週の**シュク**日は野球の試合だ。

11 ピアノを習い始めてまだ日が**アサ**い。

12 イベントの**シ**会をたのまれる。

13 重大な使命を**オ**びる。

14 夏の**イ**服をタンスにしまう。

15 スギ花粉《ふん》が飛**サン**する時期が来た。

16 **ザイ**木を山から切り出す。

17 定休日の**フダ**が下がっていた。

18 この国が**サカ**えていたころのお話です。

19 すいかに**シオ**をふって食べる。

20 **リョウ**薬は口に苦し

10	11	12	13	14	15	16	17	18	19	20

実力チェック!!

本試験型《がた》テスト

第8回

140点以上で合格！

制限時間 60分

月　日　/200

答え → 別さつ P.32

一

次の――線の**漢字の読み**を**ひらがな**で答えのらんに書きなさい。

/20　1点×20問

1 子ども**連**れで外出する。

2 犬に新しい**首輪**をつけた。

3 外交問題についての**協定**を作る。

4 **漁港**の朝は活気がある。

5 音量を**低**めにして音楽を聞く。

6 **器械**体操《そう》では鉄ぼうがうまい。

7 庭にある木に**巣箱**を設《せっ》置した。

8 動物園に行って**白熊**を見た。

二

次の各組の――線の**漢字の読み**を**ひらがな**で答えのらんに書きなさい。

/10　1点×10問

1 コンピュータ**関係**の仕事をしたい。

2 箱根の**関**を旅人が通る。

3 海外から代表メンバーが**集結**する。

4 かがんでくつのひもを**結**ぶ。

5 さくらの花が**満開**だ。

6 **満**ち足りた思いでねむりにつく。

7 試験**結果**が発表された。

8 **果**てしない大空が広がる。

9 新しい試みが**成功**する。

10 その団《だん》体は寄《き》付で**成**り立っている。

9 倉庫には米を入れてある。
10 道の両側に商店がならぶ。
11 名前だけは勇ましい。
12 海底にねむる古代文明がある。
13 チューリップが発芽した。
14 会社の要となる人物だ。
15 園児がバスでようち園に行く。
16 理科の時間に実験をする。
17 父は週に五日働いている。
18 街頭でよび止められた。
19 梅雨前線が北上してきた。
20 鉄は熱いうちに打て

三

次の——線のカタカナに合う漢字をえらんで答えのらんに記号で書きなさい。

/20
2点×10問

1 海水を引き入れてエン田を作る。（ア 円　イ 塩　ウ 園）
2 キョウ面のよごれをふき取る。（ア 橋　イ 強　ウ 鏡）
3 実業界で年コウをつむ。（ア 功　イ エ　ウ 考）
4 サイ小公倍数を求める。（ア 細　イ 祭　ウ 最）
5 神社のサン道は人でいっぱいだ。（ア 散　イ 参　ウ 算）
6 登山のショ心者コースを歩く。（ア 所　イ 書　ウ 初）
7 天ネンの氷を切り出す。（ア 念　イ 然　ウ 年）
8 登山タイがヒマラヤへ行く。（ア 隊　イ 対　ウ 体）
9 トンビが大空をヒ行している。（ア 日　イ 悲　ウ 飛）
10 正本とフク本を用意する。（ア 副　イ 福　ウ 服）

四

次の上の漢字の**太い画**のところは**筆順の何画目**か、下の漢字の**総《そう》画数は何画**か、**算用数字**（1、2、3…）で答えなさい。

1点×10問 /10

〈例〉雨……（4）

〈例〉歌……（14）

1 建（　）（　）
2 刷（　）（　）
3 希（　）（　）
4 浅（　）（　）
5 民（　）（　）
6 害（　）（　）
7 願（　）（　）
8 標（　）（　）
9 愛（　）（　）
10 景（　）（　）

五

次の漢字の読みは、**音読み（ア）**ですか、**訓読み（イ）**ですか。**記号**で答えなさい。

2点×10問 /20

〈例〉氷《こおり》 →（イ）

1 菜《な》（　）（　）
2 案《あん》（　）（　）
6 各《かく》（　）（　）
7 巣《す》（　）（　）

七

次の――線の**カタカナ**を○**の中の漢字**と**送りがな（ひらがな）**で答えのらんに書きなさい。

2点×7問 /14

〈例〉休　公園のベンチでヤスム。　休む

1 冷　友だちをふざけてヒヤカス。
2 包　花束を紙でツツム。
3 変　言うことがよくカワル。
4 試　パソコンが使えるかどうかココロミル。
5 戦　雨の中でタタカウ。
6 積　雪がふりツモル。
7 敗　勝つ時もヤブレル時もある。

1	2	3	4	5	6	7

3 差《さ》（　　）
4 仲《なか》（　　）
5 約《やく》（　　）

8 管《くだ》（　　）
9 単《たん》（　　）
10 松《まつ》（　　）

六

後の□の中のひらがなを漢字になおして、意味が反対や対《つい》になることば（対義語《ぎ》）を書きなさい。□の中のひらがなは**一度だけ**使い、答えのらんに**漢字一字**を書きなさい。

/10　2点×5問

〈例〉前期―後期

1 病気―□康
2 流動―□定
3 集中―分□
4 終点―□点
5 悪意―□意

さん　けん　こう　こ　き

八

次の**部首のなかま**の漢字で、□にあてはまる**漢字一字**を、答えのらんに書きなさい。

/20　2点×10問

〈例〉言（ごんべん）……詩《し》集・合計《けい》

ア 攵（のぶん・ぼくづくり）
失1□《ぱい》・2□《きょう》室・3□《かい》正

イ 木（き）
授4□《ぎょう》中・5□《えい》光・花6□《たば》

ウ 宀（うかんむり）
7□《がい》虫・8□《しゅく》直・不9□《あん》
外交10□《かん》

九

次の――線のカタカナを漢字になおして答えのらんに書きなさい。

16

2点×8問

1 サッカークラブにカ入する。

2 父は会社のカ長だ。

3 物わすれもロウ化の一つだ。

4 心ロウが重なってねこむ。

5 平シは平安時代の終わりにほろんだ。

6 シ験管を使って実験を行う。

7 車のライトを点トウする。

8 福引きで一トウを当てる。

十

次の――線のカタカナを漢字になおして答えのらんに書きなさい。

40

2点×20問

1 神前で手をキヨめる。

2 カナラず明日までにやりとげたい。

3 テニスの上タツが人よりも早い。

4 学校ごとにトク色がある。

5 茶わんのふちがカけた。

6 大会で日本新記ロクが出た。

7 勝つためには手段《だん》をエラばない。

8 かんとくの指レイ通りに動く。

9 大きな音の目ザまし時計を買った。

十

上の漢字と下の□の中の漢字を組み合わせて**二字のじゅく語を二つ作り、**答えのらんに**記号**で書きなさい。

／20
2点×10問

〈例〉水　ア空　イ泳　ウ青　エ海　オ体
（エ）水　水（イ）

(一) 共　ア公　イ動　ウ軍　エ鳴　オ力
1（　）共　共2（　）

(二) 位　ア場　イ置　ウ第　エ上　オ勝
3（　）位　位4（　）

(三) 治　ア用　イ府　ウ行　エ水　オ自
5（　）治　治6（　）

(四) 芸　ア孫　イ人　ウ品　エ改　オ園
7（　）芸　芸8（　）

(五) 種　ア成　イ品　ウ類　エ浅　オ冷
9（　）種　種10（　）

---

10 未**カン**で終わった作品だ。

11 何**オク**年も前の生物の化石だ。

12 名声などは**ノゾ**まない。

13 手間を**ハブ**いて作業時間を短くする。

14 人身事故《こ》で交通**キ**関がみだれた。

15 神社でお**フダ**をいただいた。

16 チームに新人が**カ**入した。

17 夏の間は牛を放**ボク**する。

18 朝顔の観**サツ**が夏休みの宿題だ。

19 学校に出す書**ルイ**を用意した。

20 **ナ**く子は育つ

10	11	12	13	14	15	16	17	18	19	20

実力チェック!!

本試験型《がた》テスト

第9回

140点以上で合格！

制限時間 60分

月　日

/200

答え→別さつ P.34

一

次の——線の漢字の読みをひらがなで答えのらんに書きなさい。

1点×20問　/20

1 **寒冷**前線が近づいている。

2 学校の体育館が**投票**所になった。

3 パンダの赤ちゃんが**産**まれた。

4 **臣民**はやさしい王様が好きだ。

5 苦心の**末**に生まれた作品だ。

6 平和を**求**めて行動する。

7 計画がだいたい**固**まった。

8 庭の木に**害虫**がついた。

二

次の各組の——線の漢字の読みをひらがなで答えのらんに書きなさい。

1点×10問　/10

1 商品を**追加**注文する。

2 公園で遊ぶ仲間に**加**わった。

3 **全治**一か月のけがをした。

4 かぜが**治**ったので登校した。

5 うっそうとした森林**地帯**が広がる。

6 川が一本の**帯**のように流れる。

7 今夜の**夕飯**はカレーライスだ。

8 これでは**飯**の食い上げだ。

9 **必死**に走ってやっと間に合った。

10 **必**ず読んでから始めてください。

9 風の便り に聞いたことだ。（　　）

10 友人の考え方に共感する。（　　）

11 昨夜から風が強い。（　　）

12 全力を挙げて走る。（　　）

13 カラオケで定番の曲を熱唱する。（　　）

14 鳥が群れで飛んでいる。（　　）

15 例えばこんな場合はどうだろうか。（　　）

16 軍手をはめて荷物を運ぶ。（　　）

17 菜の花が一面にさいている。（　　）

18 作った文章をノートに清書する。（　　）

19 とても好感の持てる人だった。（　　）

20 飛ぶ鳥を落とす勢《いきお》い（　　）

三

次の――線のカタカナに合う漢字をえらんで答えのらんに記号で書きなさい。

/20 2点×10問

1 レンズに指のあとがフ着する。（ア負　イ府　ウ付）（　　）

2 原アン通り実行する。（ア安　イ案　ウ暗）（　　）

3 イ前に会ったことのある人だ。（ア以　イ意　ウ委）（　　）

4 円の半ケイは十センチメートルだ。（ア計　イ形　ウ径）（　　）

5 古いジョウ門を見学した。（ア場　イ城　ウ乗）（　　）

6 病院で安セイにしている。（ア生　イ晴　ウ静）（　　）

7 立方体の体セキを算出する。（ア積　イ石　ウ赤）（　　）

8 船ソクからボートに乗りうつる。（ア速　イ側　ウ足）（　　）

9 実レイが多く出ている本を買う。（ア令　イ冷　ウ例）（　　）

10 入シは二月に行われる。（ア紙　イ司　ウ試）（　　）

四

次の上の漢字の**太い画**のところは**筆順の何画目**か、下の漢字の**総《そう》画数は何画**か、**算用数字**（1、2、3…）で答えなさい。

1点×10問　/10

〈例〉雨……（4）
〈例〉歌……（14）

1 兆（　）（　）
2 席（　）（　）
3 底（　）（　）
4 例（　）（　）
5 良（　）（　）
6 塩（　）（　）
7 戦（　）（　）
8 機（　）（　）
9 然（　）（　）
10 養（　）（　）

五

次の漢字の読みは、**音読み（ア）**ですか、**訓読み（イ）**ですか。**記号**で答えなさい。

2点×10問　/20

〈例〉氷《こおり》→（イ）

1 辺《べ》（　）（　）
2 初《はつ》（　）（　）
6 建《けん》（　）（　）
7 芽《め》（　）（　）

七

次の――線の**カタカナ**を〇**の中の漢字と送りがな（ひらがな）**で答えのらんに書きなさい。

2点×7問　/14

〈例〉休　公園のベンチでヤスム。　休む

1 治　強風がようやく**オサマル**。
2 参　相手が**マイル**まで戦う。
3 覚　漢字の部首を**オボエル**。
4 清　「**キヨシ**この夜」を歌う。
5 折　えん筆のしんが**オレル**。
6 老　長年かえば犬も**オイル**。
7 満　幸せな思いがむねに**ミチル**。

1	2	3	4	5	6	7

3 的《まと》（　　　）
4 辞《じ》（　　　）
5 隊《たい》（　　　）

8 念《ねん》（　　　）
9 冷《れい》（　　　）
10 種《たね》（　　　）

六

後の□の中のひらがなを漢字になおして、意味が反対や対《つい》になることば（対義語《ぎ》）を書きなさい。□の中のひらがなは**一度だけ**使い、答えのらんに**漢字一字**を書きなさい。

／10
2点×5問

〈例〉前期——後期

1 公平——□別
2 休息——労□
3 決算——□算
4 文明——□開
5 加える——□く

み　はぶ　よ　さ　どう

八

次の**部首のなかま**の漢字で、□にあてはまる**漢字一字**を、答えのらんに書きなさい。

／20
2点×10問

〈例〉言（ごんべん）……詩《し》集・合計《けい》

ア ⺮（たけかんむり）
調1□《せつ》・落2□《だい》・口3□《ぶえ》

イ 十（じゅう）
4□《はく》物館・5□《はん》円・6□《そつ》園式

ウ 刂（りっとう）
整7□《れつ》・色8□《ず》り・金9□《り》・10□《ふく》作用

九

次の——線の**カタカナ**を**漢字**になおして答えのらんに書きなさい。

/16
2点×8問

1 兄は高校の生**ト**だ。
2 **ト**心に向かう電車に乗る。

3 むずかしい問題が**ゾク**出した。
4 家**ゾク**そろってテレビを見る。

5 レギュラーが一人**ケツ**場している。
6 冬になると湖は氷**ケツ**する。

7 もようのある土**キ**が出土した。
8 志《し》望した動**キ**はあいまいだ。

十

次の——線の**カタカナ**を**漢字**になおして答えのらんに書きなさい。

/40
2点×20問

1 **ウシナ**ったチャンスを取りもどす。
2 地図に**シルシ**をつける。
3 秋の味**カク**といえばマツタケだ。
4 会**ギ**は十時から始まる。
5 カード式の**タン**語帳を作った。
6 目的地周**ヘン**の地図を確《かく》にんする。
7 プロ野球の順**イ**が入れかわった。
8 **アラタ**まった場に出かける。
9 体育の時間に校庭を三**シュウ**する。

十

上の漢字と下の□の中の漢字を組み合わせて**二字のじゅく語を二つ作り、**答えのらんに**記号**で書きなさい。

/20 2点×10問

〈例〉水 ア空 イ泳 ウ青 エ海 オ体
（エ）水　水（イ）

（一）衣
ア温 イ着 ウ植 エ類 オ真
1（　）衣　衣2（　）

（二）票
ア伝 イ加 ウ数 エ利 オ借
3（　）票　票4（　）

（三）残
ア時 イ量 ウ事 エ無 オ記
5（　）残　残6（　）

（四）熱
ア後 イ位 ウ発 エ歌 オ意
7（　）熱　熱8（　）

（五）管
ア理 イ門 ウ木 エ係 オ心
9（　）管　管10（　）

10 けんかした友だちと**ナカ**直りをする。

11 手**バタ**信号を送る。

12 悪天**コウ**で花火大会が中止になった。

13 **クン**練中は話をしてはいけない。

14 わたしは元気だと**ツタ**えてほしい。

15 一週間分の食**リョウ**を買う。

16 決勝まで進んでついに**ヤブ**れた。

17 会場の**ショウ**明はとてもまぶしい。

18 夜空に北**キョク**星が見える。

19 毎朝犬と**サン**歩に行く。

20 子は親の**カガミ**

10	11	12	13	14	15	16	17	18	19	20

実力チェック!!

本試験型《がた》テスト 第10回

140点以上で合格!

制限時間 60分

月 日

/200

答え → 別さつ P.36

一

次の――線の**漢字の読み**を**ひらがな**で答えのらんに書きなさい。

/20 1点×20問

1 千秋楽**結**びの一番だ。

2 夏の太陽が**照**りかがやく。

3 商品は三日後に**配達**される。

4 **式典**は戸外で行われた。

5 校長先生が**祝辞**をのべた。

6 **海辺**で花火をする。

7 **量**り売りのお茶を買う。

8 **塩分**の取りすぎに気をつける。

二

次の各組の――線の**漢字の読み**を**ひらがな**で答えのらんに書きなさい。

/10 1点×10問

1 チームに**欠員**が生じる。

2 勝つための決め手を**欠**く。

3 花火を**連続**して打ち上げる。

4 車を**連**ねてパレードする。

5 作文の下書きを**清書**する。

6 **清**らかな流れに手をひたす。

7 予想がズバリ**的中**した。

8 計算問題に**的**をしぼって勉強する。

9 **別室**によんで話を聞く。

10 駅前で友人と**別**れる。

9 人の道を説き聞かせる。（　）（　）
10 書道てんで初めて入選した。（　）（　）
11 祖父母《そふぼ》は民宿を営《いとな》んでいる。（　）（　）
12 正しい作法を習う。（　）（　）
13 湖の周りはサイクリングロードだ。（　）（　）
14 入学願書を出しに行った。（　）（　）
15 キンモクセイの香りがただよう。（　）（　）
16 世界の果てまで行く。（　）（　）
17 束になってかかってくる。（　）（　）
18 最近、朝起きるのがつらい。（　）（　）
19 アメリカと日本では時差がある。（　）（　）
20 まかぬ種は生えぬ（　）（　）

三

次の——線のカタカナに合う**漢字**をえらんで答えのらんに**記号**で書きなさい。

／20
2点×10問

1 ふくろの中は金カでいっぱいだ。（ア 加　イ 貨　ウ 課）（　）（　）
2 十対ゼロでカン勝だ。（ア 間　イ 寒　ウ 完）（　）（　）
3 母にリョウ理の基本《き》を教わる。（ア 量　イ 良　ウ 料）（　）（　）
4 全員でキョウ調していこう。（ア 教　イ 協　ウ 競）（　）（　）
5 何を言われても平ゼンとしている。（ア 全　イ 前　ウ 然）（　）（　）
6 トウ火親しむころとなった。（ア 頭　イ 答　ウ 灯）（　）（　）
7 昨夜、フ思議な夢《ゆめ》を見た。（ア 不　イ 付　ウ 夫）（　）（　）
8 目ヒョウは学校で一番になることだ。（ア 票　イ 標　ウ 表）（　）（　）
9 定期預《よ》金にリ息がつく。（ア 利　イ 理　ウ 里）（　）（　）
10 あの光ケイがわすれられない。（ア 形　イ 景　ウ 係）（　）（　）

四

次の上の漢字の**太い画**のところは**筆順の何画目**か、下の漢字の**総《そう》画数は何画**か、**算用数字**（1、2、3…）で答えなさい。

1点×10問　/10

〈例〉雨……（4）
〈例〉歌……（14）

1 最（　）（　）
2 以（　）（　）
3 勇（　）（　）
4 挙（　）（　）
5 料（　）（　）

6 輪（　）（　）
7 積（　）（　）
8 験（　）（　）
9 貨（　）（　）
10 試（　）（　）

五

次の漢字の読みは、**音読み（ア）**ですか、**訓読み（イ）**ですか。**記号**で答えなさい。

2点×10問　/20

〈例〉氷《こおり》→（イ）

1 不《ふ》（　）（　）
2 管《くだ》（　）（　）

6 博《はく》（　）（　）
7 飯《めし》（　）（　）

七

次の——線の**カタカナ**を〇**の中の漢字と送りがな（ひらがな）**で答えのらんに書きなさい。

2点×7問　/14

〈例〉休　公園のベンチでヤスム。　休む

1 栄　門前町としてサカエル。
2 改　考えをアラタメル。
3 初　ハジメはだれでもきんちょうする。
4 笑　テレビを見てワラウ。
5 浅　アサイプールで弟を遊ばせる。
6 飛　しゃぼん玉をトバス。
7 低　声がヒクイので聞き取れない。

1	2	3	4	5	6	7

3 径《けい》（　　）
4 達《たつ》（　　）
5 旗《はた》（　　）

8 類《るい》（　　）
9 城《しろ》（　　）
10 札《ふだ》（　　）

六

後の□の中のひらがなを漢字になおして、意味が反対や対《つい》になることば（対義《ぎ》語）を書きなさい。□の中のひらがなは一度だけ使い、答えのらんに漢字一字を書きなさい。

/10
2点×5問

〈例〉 前期―後期

1 切る―□ぶ
2 肉食―□食
3 年始―年□
4 青年―□人
5 海面―海□

まつ　さい　てい　むす　ろう

八

次の部首のなかまの漢字で、□にあてはまる漢字一字を、答えのらんに書きなさい。

/20
2点×10問

〈例〉 言（ごんべん）……詩《し》集・合計《けい》

ア 方（ほうへん・かたへん）
家［1］《ぞく》・［2］《き》国・［3］《りょ》行

イ 巾（はば）
包［4］《たい》・［5］《き》求・指定［6］《せき》

ウ 金（かねへん）
［7］《かがみ》開き・［8］《ぎん》行
［9］《てつ》道・［10］《ろく》音

九

次の──線の**カタカナ**を**漢字**になおして答えのらんに書きなさい。

16
2点×8問

1 大きな地しんの予**チョウ**がある。
2 手**チョウ**にメモしておく。
3 号**レイ**をかけて行進する。
4 同じような事**レイ**をさがす。
5 テストは百点**マン**点だった。
6 **マン**年雪は夏でもとけない。
7 **バイ**園がお花見の人でにぎわう。
8 発**バイ**日が今から待ち遠しい。

十

次の──線の**カタカナ**を**漢字**になおして答えのらんに書きなさい。

40
2点×20問

1 今年の暑さには**マイ**ってしまう。
2 シャワーを**ア**びてさっぱりした。
3 おこづかいを**セツ**約する。
4 アパートを**カ**りて生活する。
5 放課後はクラブ活動に**ネッ**中する。
6 待**ボウ**のオリンピック出場を決めた。
7 両親と**トモ**に出かける。
8 父は**ザン**業でおそくなる。
9 数字の**クライ**取りをまちがえた。

十

上の漢字と下の□の中の漢字を組み合わせて**二字のじゅく語を二つ作り**、答えのらんに**記号**で書きなさい。

/20　2点×10問

〈例〉水　ア空　イ泳　ウ青　エ海　オ体
（エ）水　水（イ）

(一) 給
ア各　イ持　ウ自　エ業　オ油
1（　）給　給 2（　）

(二) 英
ア知　イ幸　ウ育　エ礼　オ真
3（　）英　英 4（　）

(三) 街
ア市　イ心　ウ行　エ角　オ公
5（　）街　街 6（　）

(四) 伝
ア向　イ道　ウ力　エ自　オ治
7（　）伝　伝 8（　）

(五) 関
ア害　イ心　ウ相　エ別　オ真
9（　）関　関 10（　）

---

10 楽**タイ**が陽気に歩いてくる。
11 おじいさんは**マゴ**と出かけている。
12 母には苦**ロウ**をかけてしまった。
13 毎日プールに通って日に**ヤ**けた。
14 体だけでなく心の健**コウ**も大切だ。
15 アメリカ大**リク**は広大だ。
16 駅前の商店**ガイ**に買い物に行く。
17 小さいころのことを**オボ**えている。
18 新しい家が**タ**った。
19 本を読んで漢字の力を**ヤシナ**う。
20 **ゲイ**は身を助ける

20	19	18	17	16	15	14	13	12	11	10

実力チェック!!

本試験型《がた》テスト 第11回

140点以上で合格!

制限時間 60分

月 日

/200

答え → 別さつ P.38

一

次の——線の**漢字の読み**を**ひらがな**で答えのらんに書きなさい。

/20

1点×20問

1 全世界を**治**めるる王様の物語だ。

2 世界各国の**旗**がかかげられた。

3 **熱帯**の植物について調べる。

4 **冷**めないうちに食べてください。

5 父もだいぶ年**老**いた。

6 赤ちゃんがかべを**伝**って歩く。

7 山のふもとに**民宿**がある。

8 **底**なしの谷に落ちる。

二

次の各組の——線の**漢字の読み**を**ひらがな**で答えのらんに書きなさい。

/10

1点×10問

1 **改札**口で待ち合わせる。

2 立て**札**に立入禁止《きん》と書いてある。

3 地方の**産業**をさかんにする。

4 サケが**産**まれた川に帰ってきた。

5 日本は北半球に**位置**する。

6 手をひざの上に**置**く。

7 問題用紙を**配付**する。

8 二十四時間受け**付**けている。

9 パソコンはとても**便利**だ。

10 先生からお**便**りをいただいた。

9 **不思議**そうに首をかしげた。（　　）
10 平安時代**末期**につくられた寺だ。（　　）
11 **栄進**を重ねてついに社長になる。（　　）
12 三度の**飯**よりサッカーが好きだ。（　　）
13 一日一さつ読むのが**関**の山だ。（　　）
14 本の第一章を**暗唱**する。（　　）
15 **失言**がないよう気をつけて話す。（　　）
16 今年の冬は**積雪**が多い。（　　）
17 父の会社は**実働**八時間だ。（　　）
18 前半をハイペースで**飛**ばす。（　　）
19 箱の**側面**に絵をえがく。（　　）
20 **泣**く子は育つ（　　）

三

次の——線の**カタカナ**に合う**漢字**をえらんで答えのらんに**記号**で書きなさい。

／20　2点×10問

1 ガイドさんに**アン**内してもらう。（ア 暗　イ 安　ウ 案）（　　）
2 秋の味**カク**を楽しむ。（ア 画　イ 覚　ウ 角）（　　）
3 夜おそくまで受**ケン**勉強をする。（ア 研　イ 見　ウ 験）（　　）
4 野鳥の生態《たい》を観**サツ**する。（ア 刷　イ 察　ウ 札）（　　）
5 大名は家**シン**を多数かかえていた。（ア 身　イ 親　ウ 臣）（　　）
6 国際《さい》的な競**ソウ**力を高める。（ア 走　イ 争　ウ 早）（　　）
7 何をやっても**ト**労に終わる。（ア 徒　イ 都　ウ 戸）（　　）
8 薬には**フク**作用がある。（ア 服　イ 副　ウ 福）（　　）
9 大**ヘン**なことが起こったようだ。（ア 変　イ 辺　ウ 返）（　　）
10 コンクールの**カ**題曲を練習する。（ア 科　イ 果　ウ 課）（　　）

四

次の上の漢字の**太い画**のところは**筆順の何画目**か、下の漢字の**総**《そう》**画数は何画**か、**算用数字**（1、2、3…）で答えなさい。

〈例〉 雨……（ 4 ）

〈例〉 歌……（ 14 ）

1 差（　　）
2 必（　　）
3 芽（　　）
4 卒（　　）
5 念（　　）

6 観（　　）
7 約（　　）
8 録（　　）
9 隊（　　）
10 漁（　　）

1点×10問　／10

五

次の漢字の読みは、**音読み（ア）**ですか、**訓読み（イ）**ですか。**記号**で答えなさい。

〈例〉 氷《こおり》 →（ イ ）

1 奈《な》（　　）
2 塩《しお》（　　）

6 牧《ぼく》（　　）
7 典《てん》（　　）

2点×10問　／20

七

次の——線の**カタカナ**を〇の**中の漢字**と**送りがな（ひらがな）**で答えのらんに書きなさい。

〈例〉 休　公園のベンチで**ヤスム**。　休む

1 別　親友とクラスが**ワカレル**。
2 望　山の上から町を**ノゾム**。
3 例　人生を山登りに**タトエル**。
4 努　わすれ物をしないように**ツトメル**。
5 好　小鳥は木の実を**コノム**。
6 残　**ノコリ**少ないおかしを分ける。
7 浴　頭からほこりを**アビル**。

1	2	3	4	5	6	7

2点×7問　／14

3 束《たば》（　　）
4 徒《と》（　　）
5 夫《おっと》（　　）

8 鏡《かがみ》（　　）
9 孫《まご》（　　）
10 郡《ぐん》（　　）

六

後の□の中のひらがなを漢字になおして、意味が反対や対《つい》になることば（対義《ぎ》語）を書きなさい。□の中のひらがなは**一度だけ**使い、答えのらんに**漢字一字**を書きなさい。

/10
2点×5問

〈例〉前期―後期

1 着手―完□
2 不要―□要
3 中止―□行
4 当初―□末
5 新月―□月

けつ　まん　せい　ひつ　ぞっ

八

次の**部首のなかま**の漢字で、□にあてはまる**漢字一字**を、答えのらんに書きなさい。

/20
2点×10問

〈例〉言（ごんべん）……詩《し》集・合計《けい》

ア 口（くち）
1 □《しゅう》期・2 □《めい》中・3 □《し》令部

イ 攵（のぶん・ぼくづくり）
勝4 □《はい》・5 □《せい》理・発6 □《さん》

ウ 頁（おおがい）
人7 □《るい》・8 □《じゅん》列・9 □《がん》面
宿10 □《がん》

九

次の――線のカタカナを漢字になおして答えのらんに書きなさい。

/16

2点×8問

1 ほんとうのカリョウをためす。

2 高速道路は有リョウだ。

3 主ヨウな問題点を話し合う。

4 心をこめて子をヨウ育する。

5 電車でヤク一時間かかる。

6 とつぜん火ヤクがばくはつした。

7 ホウ丁で手を切ってしまった。

8 母は実家のホウ事に行った。

十

次の――線のカタカナを漢字になおして答えのらんに書きなさい。

/40

2点×20問

1 細いクダで水をすい上げる。

2 ナい物ねだりばかりしている。

3 見物人が大キョしておしかけた。

4 米グラがねずみにあらされた。

5 返事に元気があってヨい。

6 弟をツれて遊園地に行く。

7 母は子どもたちをアイしている。

8 土星にはワがある。

9 なべ物には白サイを入れる。

十

上の漢字と下の□の中の漢字を組み合わせて**二字のじゅく語を二つ作り、答えのらんに記号**で書きなさい。

／20
2点×10問

〈例〉水　ア空　イ泳　ウ青　エ海　オ体
（エ）水　水（イ）

（一）季
ア夏　イ天　ウ語　エ明　オ養
1（　）季　季2（　）

（二）念
ア頭　イ語　ウ信　エ物　オ言
3（　）念　念4（　）

（三）照
ア暗　イ合　ウ光　エ参　オ受
5（　）照　照6（　）

（四）印
ア実　イ委　ウ開　エ位　オ肉
7（　）印　印8（　）

（五）貨
ア品　イ物　ウ事　エ銀　オ投
9（　）貨　貨10（　）

10 今では**キ**少となってしまった植物だ。
11 半**ケイ**三センチの円をえがく。
12 少年野球のチームに**クワ**わった。
13 先生の**セッ**教が始まった。
14 **シ**作品を見てもらう。
15 **ショ**心に返ってがんばろう。
16 その場がしんと**シズ**まり返った。
17 落**セン**したのがおしまれる。
18 **エイ**国も日本も島国だ。
19 年末は祖《そ》父母の家に帰**セイ**する。
20 **モト**めよ、さらばあたえられん

実力チェック!!

本試験型《がた》テスト 第12回

140点以上で合格!

制限時間 60分

月　日

/200

答え→別さつ P.40

一

次の――線の**漢字の読み**を**ひらがな**で答えのらんに書きなさい。

/20

1点×20問

1 **夫**も家事を手助けする。

2 薬の**副作用**が心配だ。

3 家では**熱帯魚**を飼《し》育している。

4 新しい**博物館**は来月に開館する。

5 ねむりが**浅**くてゆめばかり見る。

6 谷川の**清**い流れに手をひたす。

7 兄は**望遠**レンズで写真をとる。

8 リンゴはくだものの**類**いだ。

二

次の各組の――線の**漢字の読み**を**ひらがな**で答えのらんに書きなさい。

/10

1点×10問

1 プリンタでカラー**印刷**する。

2 まちがいがあったので**刷**り直しだ。

3 この本はとても**参考**になる。

4 音がうるさくて**参**ってしまう。

5 **節分**の豆まきをする。

6 **節**くれ立ったたくましい手だ。

7 豆が**発芽**してもやしができる。

8 わかい**芽**を育てる。

9 日光で**養分**を作り出す。

10 絵画を見る目を**養**う。

9 先を**争**ってバスに乗る。（　　）

10 **給水車**がやってきて水を配る。（　　）

11 日ごろの活動について**考察**する。（　　）

12 今日はかぜのため**欠席**した。（　　）

13 休日に**浴室**のタイルをみがく。（　　）

14 ふたたび**首位**に返りざく。（　　）

15 母は新しい**鏡台**を買った。（　　）

16 言ったことは**必**ず実行する。（　　）

17 書店で新しい**参考書**を買った。（　　）

18 **無理**ならことわってもよい。（　　）

19 全員で**単一**の行動をとる。（　　）

20 やなぎに雪**折**れなし（　　）

三

次の——線の**カタカナ**に合う**漢字**をえらんで答えのらんに**記号**で書きなさい。

／20　2点×10問

1 校内の美**カン**を守る。（ア 感　イ 観　ウ 間）（　　）

2 記者会見で**ジ**意を表明する。（ア 事　イ 時　ウ 辞）（　　）

3 新**シュ**の植物が発見された。（ア 酒　イ 取　ウ 種）（　　）

4 **ヤク**定書を取りかわす。（ア 役　イ 約　ウ 薬）（　　）

5 ケーキ作りの材**リョウ**をそろえる。（ア 料　イ 両　ウ 量）（　　）

6 前**レイ**のないできごとだった。（ア 令　イ 例　ウ 礼）（　　）

7 日本地図を作**セイ**する。（ア 整　イ 正　ウ 成）（　　）

8 水**ガイ**で家を流された人がいる。（ア 外　イ 害　ウ 街）（　　）

9 半**キ**をかかげて死者をいたむ。（ア 器　イ 記　ウ 旗）（　　）

10 室内に家具を配**チ**する。（ア 置　イ 地　ウ 知）（　　）

四

次の上の漢字の**太い画**のところは**筆順の何画目**か、下の漢字の**総画数**《そう》**は何画**か、**算用数字**（1、2、3…）で答えなさい。

1点×10問　／10

〈例〉雨……（4）

1 残（　）

2 初（　）

3 飛（　）

4 典（　）

5 英（　）

〈例〉歌……（14）

6 郡（　）

7 課（　）

8 極（　）

9 働（　）

10 健（　）

五

次の漢字の読みは、**音読み（ア）**ですか、**訓読み（イ）**ですか。**記号**で答えなさい。

2点×10問　／20

〈例〉氷《こおり》→（イ）

1 末《すえ》（　）

2 輪《わ》（　）

6 康《こう》（　）

7 巣《す》（　）

七

次の――線の**カタカナ**を○**の中の漢字と送りがな（ひらがな）**で答えのらんに書きなさい。

2点×7問　／14

〈例〉休　公園のベンチで**ヤスム**。　休む

1 加　グループ旅行に**クワワル**。

2 借　アニメのDVDを**カリル**。

3 唱　念仏《ぶつ》を**トナエル**。

4 試　新しいわざを**ココロミル**。

5 選　発表会の主役を**エラブ**。

6 勇　さむらいのかっこうが**イサマシイ**。

7 積　**ツモル**話を聞いてもらう。

7	6	5	4	3	2	1

3 労《ろう》（　　）
4 帯《おび》（　　）
5 芸《げい》（　　）

8 関《せき》（　　）
9 府《ふ》（　　）
10 億《おく》（　　）

六

後の[ ]の中のひらがなを漢字になおして、意味が反対や対《つい》になることば（対義《ぎ》語）を書きなさい。[ ]の中のひらがなは**一度だけ**使い、答えのらんに**漢字一字**を書きなさい。

／10　2点×5問

〈例〉 前期―後期

1 集中―分□
2 運動―□止
3 人工―天□
4 高音―□音
5 冷たい―□い

さん　てい　ねん　あつ　せい

八

次の**部首のなかま**の漢字で、□にあてはまる**漢字一字**を、答えのらんに書きなさい。

／20　2点×10問

〈例〉 言（ごんべん）……詩《し》集・合計《けい》

ア 亻（にんべん）
□1《でん》言・□2《なか》間・□3《しん》号

イ 阝（こざとへん）
着□4《りく》・□5《よう》気・□6《たい》員

ウ 辶（しんにょう・しんにゅう）
調□7《たつ》・□8《しん》度・底□9《へん》
□10《れん》想

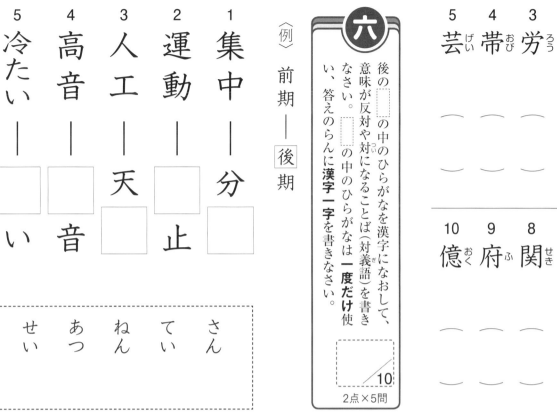

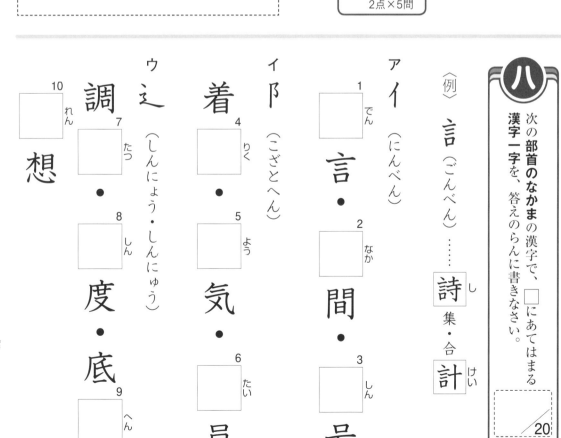

九

次の――線の**カタカナ**を**漢字**になおして答えのらんに書きなさい。

16　2点×8問

1 小数点**イ**下を切りすてる。

2 **イ**食住が十分にそろう。

3 相手チームの**ヒョウ**的にされた。

4 学校に調査《さ》**ヒョウ**を出す。

5 友だちと**キョウ**通の話題を持つ。

6 両国の**キョウ**議で決まった。

7 **シツ**意の毎日をおくる。

8 雨の日は**シツ**内で遊ぶ。

十

次の――線の**カタカナ**を**漢字**になおして答えのらんに書きなさい。

40　2点×20問

1 富士山《ふじさん》は日本で**モット**も高い山だ。

2 ゲーム前に作**セン**を練る。

3 野**サイ**中心の食生活にしている。

4 林の中で**マツ**ぼっくりを拾う。

5 口をしっかり**ムス**んで話さない。

6 家内安全を**ネガ**う。

7 地しんにそなえて家具を**コ**定する。

8 細かいことは**ハブ**いて話す。

9 今年の予算は十**チョウ**円だ。

十

上の漢字と下の［　］の中の漢字を組み合わせて**二字のじゅく語を二つ作り**、答えのらんに**記号**で書きなさい。

／20
2点×10問

〈例〉水　［ア空　イ泳　ウ青　エ海　オ体］
（エ）水　水（イ）

（一）選
［ア入　イ治　ウ挙　エ競　オ建］
1（　）選　選2（　）

（二）説
［ア教　イ語　ウ定　エ開　オ美］
3（　）説　説4（　）

（三）産
［ア小　イ科　ウ他　エ牧　オ国］
5（　）産　産6（　）

（四）完
［ア案　イ投　ウ業　エ時　オ未］
7（　）完　完8（　）

（五）浴
［ア空　イ水　ウ木　エ用　オ流］
9（　）浴　浴10（　）

---

10 学校のきまりが**カイ**定された。

11 かなりの強行**グン**でつかれた。

12 暑い季節は体調**カン**理が大切だ。

13 プールに水を**ミ**たす。

14 てんじょうが**ヒク**くて頭をぶつけた。

15 **ド**力がやっとむくわれた。

16 食**エン**とこしょうで味つけする。

17 **ギョ**船が港に集まった。

18 一**サク**日旅行から帰ってきた。

19 今日は**ケン**国記念の日だ。

20 **ス**きこそものの上手なれ

実力チェック!!

本試験型《がた》テスト 第13回

140点以上で合格！

制限時間 60分

月　日

/200

答え → 別さつ P.42

一

次の――線の**漢字の読み**を**ひらがな**で答えのらんに書きなさい。

1点×20問　/20

1 形見に**指輪**をいただいた。

2 **勇**み足で負けてしまった。

3 **梨**には様々な品種がある。

4 **置**き去りにされた子ねこがあわれだ。

5 どこまでも一本の道が**続**く。

6 次々と海外へ**出兵**していく。

7 すもうの勝負を**行司**がさばく。

8 また**古巣**にもどってきた。

二

次の各組の――線の**漢字の読み**を**ひらがな**で答えのらんに書きなさい。

1点×10問　/10

1 一家は**借家**でくらしている。

2 友人から本を**借**りる。

3 売っても**二束**三文にしかならない。

4 ひと**束**の手紙を取り出す。

5 夏の間に**日光浴**をする。

6 小鳥が水**浴**びをしている。

7 大通りの**交通量**を調べる。

8 さとうを十グラム**量**る。

9 **高熱**が出て苦しそうだ。

10 冬の夜に**熱**いココアを飲む。

9 テレビ番組を**録画**する。

10 **府立**の学校に進学する。

11 父は重要な研究に**関**わる。

12 うたがわしい**節**があって調べる。

13 **初回**にホームランを打った。

14 この町はとても**治安**がよい。

15 ナポレオンの**伝記**を読む。

16 それは**周知**の事実だ。

17 気を**静**めて話を聞く。

18 **日照**時間がだいぶ長くなった。

19 目を**覚**ませとよぶ声が聞こえる。

20 **残**り物には福がある

三

次の——線の**カタカナ**に合う**漢字**をえらんで答えのらんに**記号**で書きなさい。

/20 2点×10問

1 おじが支《し》店長に**エイ**転した。（ア英　イ栄　ウ泳）

2 **カ**車に荷物を運びこむ。（ア課　イ科　ウ貨）

3 日本で冬**キ**オリンピックが開かれた。（ア季　イ希　ウ記）

4 この道路は市の中心に直**ケツ**している。（ア決　イ結　ウ血）

5 湖**テイ**にしずんだ村がある。（ア定　イ低　ウ底）

6 兄は大学の**ホウ**学部にかよっている。（ア法　イ包　ウ方）

7 重**ヨウ**な問題を話し合う。（ア様　イ用　ウ要）

8 血**カン**が青くうき上がる。（ア感　イ官　ウ管）

9 夜になって先生の家を**ジ**去した。（ア時　イ辞　ウ自）

10 アンペアは電流の強さを表す**タン**位だ。（ア短　イ単　ウ炭）

四

次の上の漢字の**太い画**のところは**筆順の何画目**か、下の漢字の**総画数**《そう》**は何画**か、**算用数字**（1、2、3…）で答えなさい。

1点×10問　／10

〈例〉雨……（4）
〈例〉歌……（14）

1 固（　）
2 帯（　）
3 器（　）
4 徒（　）
5 鹿（　）
6 潟（　）
7 議（　）
8 康（　）
9 滋（　）
10 類（　）

五

次の漢字の読みは、**音読み（ア）**ですか、**訓読み（イ）**ですか。**記号**で答えなさい。

2点×10問　／20

〈例〉氷《こおり》→（イ）

1 例《れい》（　）
2 位《くらい》（　）
6 昨《さく》（　）
7 卒《そつ》（　）

七

次の——線の**カタカナ**を○**の中の漢字**と**送りがな（ひらがな）**で答えのらんに書きなさい。

2点×7問　／14

〈例〉休　公園のベンチで**ヤスム**。　休む

1 求　友人の協力を**モトメル**。
2 欠　月が少しずつ**カケル**。
3 散　部屋をおもちゃで**チラカス**。
4 連　テニス部に名を**ツラネル**。
5 養　親にはぐれた子ねこを**ヤシナウ**。
6 働　朝八時から**ハタラク**。
7 必　**カナラズ**六時までに帰る。

1	2	3	4	5	6	7

3 共《とも》（　　）

4 倉《くら》（　　）

5 香《か》（　　）

8 仲《なか》（　　）

9 票《ひょう》（　　）

10 副《ふく》（　　）

六

後の□の中のひらがなを漢字になおして、意味が反対や対《つい》になることば（対義語《ぎ》）を書きなさい。□の中のひらがなは**一度だけ**使い、答えのらんに**漢字一字**を書きなさい。

（　/10）2点×5問

〈例〉 前期―後期

1 失敗―成□

2 直線―□線

3 悪筆―□筆

4 期待―失□

5 泣く―□う

きょく　わら　こう　ぼう　たっ

八

次の**部首のなかま**の漢字で、□にあてはまる**漢字一字**を、答えのらんに書きなさい。

（　/20）2点×10問

〈例〉 言（ごんべん）……詩《し》集・合計《けい》

ア 糸（いとへん）

公1□《やく》・配2□《さゅう》・有3□《しゅう》の美

イ 木（き）

目4□《ひょう》・球5□《こん》・石6□《ざい》

ウ 儿（ひとあし・にんにょう）

前7□《ちょう》・8□《こう》線・育9□《じ》

三次10□《げん》

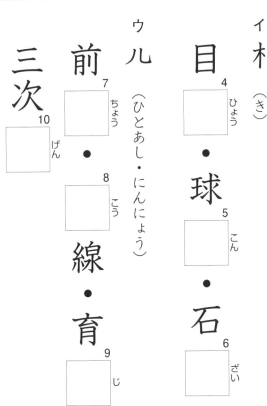

九

次の――線のカタカナを漢字になおして答えのらんに書きなさい。

2点×8問　/16

1 植物の生育を観サツする。
2 一万円の新サツが発行された。

3 カイ行のない文章は読みづらい。
4 ドレミファソラシドを音カイという。

5 「竹取物語」は日本の古テンだ。
6 このストーブは自動テン火だ。

7 国会議員に当センした。
8 センカ外と言いわたされた。

十

次の――線のカタカナを漢字になおして答えのらんに書きなさい。

2点×20問　/40

1 矢がマトに命中する。
2 弟のいたずらにこまりハてた。
3 急にフ都合が生じる。
4 人生の転キがおとずれた。
5 白鳥は冬のタヨりを運んでくる。
6 「世もスエだ」と父がなげく。
7 入院する母にツきそう。
8 念ガンだったノートパソコンを買った。
9 世界カッ国のめずらしい品が集まる。

十

上の漢字と下の［　］の中の漢字を組み合わせて**二字のじゅく語を二つ作り、**答えのらんに**記号**で書きなさい。

／20

2点×10問

〈例〉水 ［ア空 イ泳 ウ青 エ海 オ体］

（エ）水　水（イ）

（一）満 ［ア足 イ多 ウ未 エ部 オ心］

1（　）満　満 2（　）

（二）灯 ［ア陽 イ家 ウ油 エ日 オ電］

3（　）灯　灯 4（　）

（三）牧 ［ア流 イ草 ウ土 エ遊 オ陸］

5（　）牧　牧 6（　）

（四）極 ［ア冬 イ地 ウ調 エ場 オ究］

7（　）極　極 8（　）

（五）積 ［ア雲 イ岩 ウ業 エ面 オ晴］

9（　）積　積 10（　）

---

10 ふっとうする湯に水を**サ**す。

11 転校する友達に**ワカ**れの言葉をかける。

12 友達から本を**シャク**用する。

13 百メートル**キョウ**走に出場する。

14 せきが出たので家で安**セイ**にする。

15 やっと**ト**きふせることができた。

16 大声でばんざいを**トナ**える。

17 **アン**の定、父におこられた。

18 駅までの道**ジュン**をたずねる。

19 **シン**用金庫にお金をあずける。

20 **ウメ**にうぐいす

20	19	18	17	16	15	14	13	12	11	10

覚えておきたい 筆順の原則

（文部科学省「筆順指導の手引き」による）

筆順とは、漢字の一点一画を書いていき、１つの文字が書き上げられるまでの順番をいいます。正しい筆順で書くと書きやすいだけでなく、字の形も整います。新しい漢字を覚えるときは、正しい筆順で覚えましょう。

1 上から下へ書いていく。

東 ↓ 東東東東東東東

令 ↓ 令令令令令

◀上の部分から下の部分へ書いていく。

案 ↓ 案案案

管 ↓ 管管管

2 左から右へ書いていく。

念 ↓ 念念念念

然 ↓ 然然然然

◀左の部分から右の部分へ書いていく。

灯 ↓ 灯灯

的 ↓ 的的

◀左・右・中の３つの部分からできている字も、左の部分から書いていく。

街 ↓ 街街街

3 横の画とたての画が交差するときは、横の画を先に書く。

卒 ↓ 卒卒卒

栄 ↓ 栄栄栄栄

4 横の画とたての画が交差しても、次の場合などは、たての画を先に書く。

田 ↓ 田田田田

王 ↓ 王王王王

5 中と左右があって、左右が一、二画のときは、中の画を先に書く。

省 ↓ 省省省省省

求 ↓ 求求求求

◀例外

火 ↓ 火火

6 囲《かこ》む形のものは、外側の囲《かこ》みを先に書く。

固 ↓ 固固固固

司 ↓ 司司司

7 左はらいと右はらいが交差するときは、左はらいを先に書く。

改 ↓ 改改改

便 ↓ 便便便

8 つらぬくたて画は、最後に書く。

仲 ↓ 仲仲仲

◀たて画の上が止まっていても、たて画を最後に書く。

単 ↓ 単単単

9 つらぬく横画は、最後に書く。

安 ↓ 安安安

季 ↓ 季季季季

10 横画とたて画が交差する場合。

◀横画が長く、左はらいが短い字は、左はらいを先に書く。

右 ↓ 右右右

◀横画が短く、左はらいが長い字は、横画を先に書く。

左 ↓ 左左左

11 右かたの「丶」は、最後に書く。

成 ↓ 成成成成成

浅 ↓ 浅浅浅浅浅

12 先に書く「にょう」と、後に書く「にょう」。

◀「辶(しんにゅう・しんにょう)」、「廴(えんにょう)」などは、後に書く。

選 ↓ 選選

建 ↓ 建建

◀「走(そうにょう)」は、先に書く。

起 ↓ 起起

13 先に書く左はらいと、後に書く左はらい。

◀先に書く左はらい。

九 ↓ 九九

級 ↓ 級級級級

◀後に書く左はらい。

力 ↓ 力力

方 ↓ 方方方

覚えておきたい じゅく字訓・当て字、特別な音訓

漢字の読み方には、正式な音訓のほかに、広く使われている特別な読み方があります。これらはふだんの生活の中で耳にすることが多い言葉です。表記（書き方）と共に覚えましょう。

じゅく字訓・当て字

よめるかチェック！

	読み
明日	あす
大人	おとな
母さん	かあさん
河原※	かわら
川原	かわら
昨日	きのう
今日	きょう
果物	くだもの
今朝	けさ
景色	けしき
今年	ことし
清水	しみず
上手	じょうず
七夕	たなばた
一日	ついたち
手伝う	てつだう

	読み
父さん	とうさん
時計	とけい
友達	ともだち
兄さん	にいさん
姉さん	ねえさん
二十日	はつか
一人	ひとり
二人	ふたり
二日	ふつか
下手	へた
部屋	へや
迷子※	まいご
真面目	まじめ
真っ赤	まっか
真っ青	まっさお
眼鏡※	めがね
八百屋	やおや

特別な音訓

よめるかチェック！

	読み	
雨雲	あまぐも	雨《あま》
何本	なんぼん	何《なん》
金具	かなぐ	金《かな》
群がる	むらがる	群《むら》
兄弟	きょうだい	兄《キョウ》
合戦	かっせん	合《カッ》
再来年※	さらいねん	再《サ》
七日	なのか	七《なの》
留守※	るす	守《ス》
酒屋	さかや	酒《さか》
上着	うわぎ	上《うわ》
磁石※	じしゃく	石《シャク》

	読み	
船旅	ふなたび	船《ふな》
○○中	○○じゅう	中《ジュウ》
兄弟	きょうだい	弟《ダイ》
天の川	あまのがわ	天《あま》
大豆	だいず	豆《ズ》
読点	とうてん	読《トウ》
白ける	しらける	白《しら》
八日	ようか	八《よう》
風車	かざぐるま	風《かざ》
木立	こだち	木《こ》
問屋	とんや	問《とん》
留守※	るす	留《ル》
六日	むいか	六《むい》

読みのひらがなは訓読み、カタカナは音読み ※は6級以上の配当漢字

覚えておきたい部首

「愛」「悪」のように、形ではなく意味によって部首を決めた漢字も多くあります。

漢字	愛	案	位	英	億	加	貨	課
誤	夂	宀	立	人	立	口	亻	木
正（部首名）	心 こころ	木 き	亻 にんべん	艹 くさかんむり	亻 にんべん	力 ちから	貝 かい こがい	言 ごんべん

漢字	芽	改	械	害	完	官	管	願
誤	牙	己	戈	口	儿	口	宀	厂
正（部首名）	艹 くさかんむり	攵 のぶん ぼくづくり	木 きへん	宀 うかんむり	宀 うかんむり	宀 うかんむり	⺮ たけかんむり	頁 おおがい

漢字	岐	季	器	機	議	求	泣	給
誤	又	禾	大	戈	羊	氺	立	入
正（部首名）	山 やまへん	子 こ	口 くち	木 きへん	言 ごんべん	水 みず	氵 さんずい	糸 いとへん

漢字	漁	鏡	極	径	芸	結	健	固
誤	魚	立	又	土	厶	士	廴	十
正（部首名）	氵 さんずい	金 かねへん	木 きへん	彳 ぎょうにんべん	艹 くさかんむり	糸 いとへん	亻 にんべん	口 くにがまえ

漢字	功	候	康	差	菜	材	札	刷	察
誤	工	矢	氺	王	木	才	し	尸	示
正（部首名）	力 ちから	亻 にんべん	广 まだれ	工 え たくみ	艹 くさかんむり	木 きへん	木 きへん	刂 りっとう	宀 うかんむり

漢字	笑	松	周	種	借	治	児	司	散
誤	大	八	土	田	日	ム	日	司	月
正(部首名)	⺮	木	口	禾	亻	氵	儿	口	攵
	たけかんむり	きへん	くち	のぎへん	にんべん	さんずい	ひとあし にんにょう	くち	のぶん ぼくづくり

漢字	然	選	浅	説	節	積	清	信	照
誤	犬	己	戈	儿	卩	貝	月	言	日
正(部首名)	灬	辶	氵	言	⺮	禾	氵	亻	灬
	れんが れっか	しんにょう しんにゅう	さんずい	ごんべん	たけかんむり	のぎへん	さんずい	にんべん	れんが れっか

漢字	伝	底	低	仲	単	達	隊	続	側
誤	ム	氏	氏	丨	十	土	豕	儿	刂
正(部首名)	亻	广	亻	亻	⺍	辶	阝	糸	亻
	にんべん	まだれ	にんべん	にんべん	つかんむり	しんにょう しんにゅう	こざとへん	いとへん	にんべん

漢字	必	梅	敗	念	熱	特	働	努	徒
誤	丶	毋	貝	人	土	土	力	女	走
正(部首名)	心	木	攵	心	灬	牛	亻	力	彳
	こころ	きへん	のぶん ぼくづくり	こころ	れんが れっか	うしへん	にんべん	ちから	ぎょうにんべん

漢字	約	無	満	便	辺	副	府	付	標
誤	勹	一	山	曰	刀	田	寸	寸	示
正(部首名)	糸	灬	氵	亻	辶	刂	广	亻	木
	いとへん	れんが れっか	さんずい	にんべん	しんにょう しんにゅう	りっとう	まだれ	にんべん	きへん

院	録	労	連	類	陸	利	浴	勇
儿	氺	⺍	車	米	土	禾	八	田
↓	↓	↓	↓	↓	↓	↓	↓	↓
阝	釒	力	辶	頁	阝	刂	氵	力
こざとへん	かねへん	ちから	しんにょう しんにゅう	おおがい	こざとへん	りっとう	さんずい	ちから

苦	銀	客	館	感	階	荷	泳	飲
十	艮	夂	宀	戈	比	亻	水	欠
↓	↓	↓	↓	↓	↓	↓	↓	↓
艹	釒	宀	飠	心	阝	艹	氵	飠
くさかんむり	かねへん	うかんむり	しょくへん	こころ	こざとへん	くさかんむり	さんずい	しょくへん

追	談	待	速	想	整	消	宿	庫
口	火	寸	木	木	止	⺌	亻	車
↓	↓	↓	↓	↓	↓	↓	↓	↓
辶	言	彳	辶	心	攵	氵	宀	广
しんにょう しんにゅう	ごんべん	ぎょうにんべん	しんにょう しんにゅう	こころ	のぶん ぼくづくり	さんずい	うかんむり	まだれ

遊	薬	役	放	返	板	箱	鉄	庭
方	木	殳	方	厂	厂	木	大	廴
↓	↓	↓	↓	↓	↓	↓	↓	↓
辶	艹	彳	攵	辶	木	⺮	釒	广
しんにょう しんにゅう	くさかんむり	ぎょうにんべん	のぶん ぼくづくり	しんにょう しんにゅう	きへん	たけかんむり	かねへん	まだれ

頭	図	顔	科	園	練	列	緑	陽
豆	ノ	彡	斗	土	木	歹	氺	日
↓	↓	↓	↓	↓	↓	↓	↓	↓
頁	囗	頁	禾	囗	糸	刂	糸	阝
おおがい	くにがまえ	おおがい	のぎへん	くにがまえ	いとへん	りっとう	いとへん	こざとへん

覚えておきたい まちがえやすい画数

7級配当漢字の中で画数をよく問われる漢字と、問われる場所を示しました。本さつP138筆順の原則を参考に、正しい画数を覚えましょう。

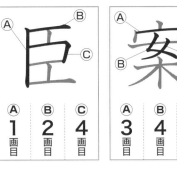

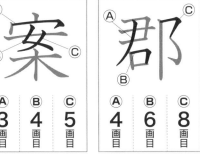

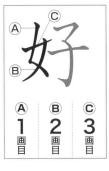

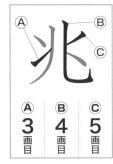

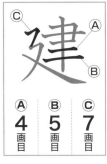

漢字	Ⓐ	Ⓑ	Ⓒ
臣	1画目	2画目	4画目
案	3画目	4画目	5画目
郡	4画目	6画目	8画目
械	5画目	8画目	10画目
好	1画目	2画目	3画目
博	3画目	4画目	6画目
兆	3画目	4画目	5画目
隊	1画目	8画目	
要	3画目	5画目	8画目
験	1画目	2画目	6画目
差	3画目	4画目	5画目
陸	3画目	4画目	8画目
無	3画目	4画目	7画目
別	4画目	6画目	7画目
単	3画目	8画目	
特	1画目	3画目	5画目
牧	3画目	5画目	7画目
察	6画目	8画目	9画目
建	4画目	5画目	7画目
老	3画目	5画目	

漢字	Ⓐ	Ⓑ	Ⓒ
試	5画目	7画目	8画目
軍	4画目	5画目	8画目
旗	3画目	6画目	7画目
票	2画目	9画目	
害	2画目	5画目	
愛	10画目	12画目	
借	3画目	7画目	
希	3画目	4画目	
梅	4画目	5画目	7画目
成	3画目	5画目	
努	3画目	4画目	
席	4画目	7画目	8画目
初	2画目	4画目	
康	3画目	7画目	
果	5画目	6画目	7画目
戦	2画目	8画目	
健	5画目	6画目	
挙	3画目	6画目	
貨	2画目	7画目	9画目
鹿	2画目	5画目	8画目
昨	5画目	7画目	8画目
課	8画目	12画目	
勇	3画目	5画目	
働	10画目	12画目	
巣	6画目	8画目	

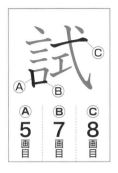

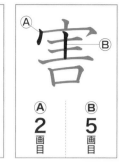

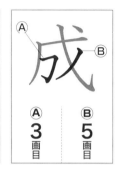

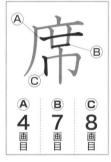

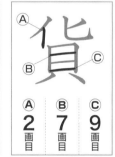

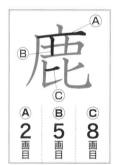

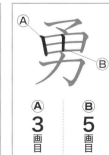

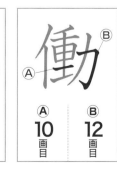

覚えておきたい 同じ音読みをする漢字

7級では、同じ読みの漢字の使い分けを問う問題があります。音読みが2つ以上あるものをあげましたので、意味のちがいを覚えましょう。

わかるかチェック！

読み	用例	漢字	漢字の意味
イ	□前《いぜん》・□下《いか》	以	（文字の上に付いて）～より
	□服《いふく》・□類《いるい》	衣	着るもの
	□置《いち》・地□《ちい》	位	場所・身分・数のくらい
エイ	□語《えいご》・□会話《えいかいわ》	英	イギリスの略《りゃく》
	□光《えいこう》・□養《えいよう》	栄	さかえる。ほまれ
カ	追□《ついか》・□熱《かねつ》	加	足す・ふやす
	□実《かじつ》・結□《けっか》	果	くだもの・できばえ
	金□《きんか》・□物《かもつ》	貨	お金・品物
	□題《かだい》・日□《にっか》	課	仕事などをわりあてる
ガ	発□《はつが》	芽	草や木のめ

読み	用例	漢字	漢字の意味
キ	□望《きぼう》・□少《きしょう》	希	ねがい・まれ・うすい
	□節《きせつ》・冬□《とうき》	季	一年の区分
	国□《こっき》・□手《きしゅ》	旗	はた
	食□《しょっき》・□用《きよう》	器	入れ物・道具・才覚や働きがあること
	動□《どうき》・□会《きかい》	機	心や物事の働き・しかけ・きっかけ
キュウ	希□《ききゅう》・要□《ようきゅう》	求	もとめる
	□食《きゅうしょく》・配□《はいきゅう》	給	分けあたえる・世話する
キョウ	□通《きょうつう》・□学《きょうがく》	共	いっしょに
	□調《きょうちょう》・□議《きょうぎ》	協	力を合わせる・相談し合う
	□台《きょうだい》・望遠□《ぼうえんきょう》	鏡	かがみ・レンズ

音読み	熟語	漢字	意味
	祝《しゅく》□《が》・年《ねん》□《が》状《じょう》	賀	いわう・よろこぶ
カイ	□正《かいせい》・□良《かいりょう》	改	あらためる・調べる
	機《き》□《かい》・器《き》□《かい》	械	しかけ
ガイ	水□《がい》・□虫《がいちゅう》	害	わざわい・損《そこ》なう・さまたげる
	□灯《がいとう》・商店□《しょうてんがい》	街	まち・まちなか
カク	□《かく》自《じ》・□人《かくじん》	各	それぞれ・おのおの
	感□《かんかく》・味《み》□《かく》	覚	おぼえる・さとる・さめる
カン	□勝《かんしょう》・□成《かんせい》	完	すっかり・終わる
	長□《ちょうかん》・器《き》□《かん》	官	役所・役人・はたらき
	□楽《かんがっ》器《き》・□《かん》理《り》	管	くだ・とりしまる
	□節《かんせつ》・□係《かんけい》	関	出入り口・かかわる
	□察《かんさつ》・人生□《じんせいかん》	観	見る・考え方

音読み	熟語	漢字	意味
	□争《きょうそう》・□走《きょうそう》	競	たがいに負けまいと張《は》り合う
ケイ	□路《けいろ》・直□《ちょっけい》	径	細い道・円の中心を通る線
	□気《けいき》・風□《ふうけい》	景	ありのまま・けしき
ケツ	□席《けっせき》・病□《びょうけつ》	欠	かく・かける
	□末《けつまつ》・直□《ちょっけつ》	結	むすぶ・つなぐ
ケン	□設《けんせつ》・□議《けんぎ》	建	たてる・申し立てる
	□康《けんこう》・□全《けんぜん》	健	元気・ひじょうに
	経□《けいけん》・実□《じっけん》	験	たしかめる・しらべる
コウ	成□《せいこう》・□労《こうろう》	功	てがら・りっぱな仕事
	□感《こうかん》・友□《ゆうこう》	好	このましい・よい・仲よくする
	気《き》□《こう》・兆□《ちょうこう》	候	ようす・きざし
	健□《けんこう》・小□《しょうこう》	康	心配なことがない・じょうぶ

漢字	読み	用例	漢字の意味
札	サツ	表□《ひょうさつ》・□束《さつたば》	文字を書いた小さな木や紙・紙のお金
刷	サツ	印□《いんさつ》・□新《さっしん》	すり出す・きれいにぬぐう
察	サツ	考□《こうさつ》・□知《さっち》	よく見る・考える・おしはかる
参	サン	□加《さんか》・□観《さんかん》	加わる・そこへ行く・おまいりする
産	サン	□業《さんぎょう》・生□《せいさん》	うむ・作り出す
散	サン	分□《ぶんさん》・□歩《さんぽ》	ちらばる・気まま
氏	シ	□名《しめい》・□族《しぞく》	みょうじ・家がら
司	シ	□法《しほう》・□会《しかい》	役所・役人・責任者《せきにんしゃ》として行う
試	シ	□験《しけん》・□合《しあい》	ためす・やってみる
児	ジ	□童《じどう》・健□《けんじ》	子ども・若者《わかもの》
治	ジ	政□《せいじ》	おさめる
辞	ジ	□書《じしょ》・□去《じきょ》	ことば・ことわる・その場を去る
折	セツ	曲□《きょくせつ》・□半《せっぱん》	おれる・分ける
節	セツ	季□《きせつ》・□約《せつやく》	ふし・気候の変わり目・ひかえめ
説	セツ	□明《せつめい》・伝□《でんせつ》	話してわからせる・はなし
争	ソウ	戦□《せんそう》・□議《そうぎ》	あらそう。あらそい
倉	ソウ	□庫《そうこ》	物を保管《ほかん》しておく建物
相	ソウ	□談《そうだん》・手□《てそう》	外に表れる姿《すがた》。よく調べる
票	ヒョウ	投□《とうひょう》・□数《ひょうすう》	ふだ。物を書くための紙
標	ヒョウ	目□《もくひょう》・□的《ひょうてき》	しるし。めじるし
不	フ	□足《ふそく》・□安《ふあん》	～しない・～でない
夫	フ	□人《ふじん》・農□《のうふ》	おっと・労働にたずさわる男子
付	フ	□着《ふちゃく》・配□《はいふ》	つける・あたえる
府	フ	□県《ふけん》・□立《ふりつ》	行政《ぎょうせい》区画のひとつ

わかるかチェック！

音読み	漢字	熟語	意味
ショウ	松	□竹梅《しょうちくばい》	マツ
	唱	暗□《あんしょう》・合□《がっしょう》	となえる・うたう
	省	□略《しょうりゃく》・外務□《がいむしょう》	はぶく・中央の役所
	照	□明《しょうめい》・参□《さんしょう》	てる・てらす・見くらべる
シン	臣	家□《かしん》・重□《じゅうしん》	主君につかえる人
	信	□用《しんよう》・自□《じしん》	しんじる・合図や便り
セイ	成	□功《せいこう》・達□《たっせい》	仕上げる・でき上がる
	省	反□《はんせい》・自□《じせい》	かえりみる
	清	□流《せいりゅう》・□新《せいしん》	きれい・気持ちがいい
	静	安□《あんせい》・□止《せいし》	しずか・しずまる
セキ	席	出□《しゅっせき》・打□《だせき》	すわる場所・順序《じょ》
	積	体□《たいせき》・□雪《せきせつ》	二つ以上の数をかけたあたい・つむ・たくわえる

音読み	漢字	熟語	意味
ホウ	包	内□《ないほう》・□帯《ほうたい》	つつむ・くるむ
	法	文□《ぶんぽう》・□典《ほうてん》	きまり・おきて・基準《きじゅん》・やり方
ヨウ	要	必□《ひつよう》・□人《ようじん》	大切な所
	養	休□《きゅうよう》・栄□《えいよう》	養う・育てる・体を大事にする
リョウ	良	□好《りょうこう》・改□《かいりょう》	よい・すぐれている
	料	有□《ゆうりょう》・材□《ざいりょう》	代金・もとになるもの
	量	計□《けいりょう》・力□《りきりょう》	はかる・大きさ
レイ	令	命□《めいれい》・法□《ほうれい》	いいつけ・きまり
	冷	□気《れいき》・寒□《かんれい》	つめたい・ひややか
	例	前□《ぜんれい》・実□《じつれい》	きまりごと・見本
ロウ	老	□人《ろうじん》・長□《ちょうろう》	年をとる・年をとった人
	労	□働《ろうどう》・□力《ろうりょく》	働く・仕事をする

覚えておきたい 同じ訓読みをする漢字

同じ訓読みをする漢字の中には、どちらを使ってもまちがいとは言えないものもあります。前後の文脈《みゃく》や漢字の意味から判断しましょう。

わかるかチェック！

読み	用例	漢字	意味
まち	まちと村 まち役場	町	行政《ぎょうせい》単位としての1つの地域《ちいき》
	まちの明かり	街	商店などが表通りに集まっているところ
さます さめる	目をさます ゆめからさめる	覚ます 覚める	ねむり、まよいなどからもどる
	お茶をさます 熱意がさめる	冷ます 冷める	熱かったものがそうでなくなる
なく	犬がなく 鳥がなく	鳴く	鳥や動物がなく
	弟がないた なきべそをかく	泣く	人間がなく
あげる あがる	たなの上にあげる 地位があがる	上げる 上がる	下から上へうつす。高いところへうつる

読み	用例	漢字	意味
なおす なおる	作文を書きなおす まちがいがなおる	直す 直る	ぐあいの悪いところをあらためる
	かぜをなおす やまいがなおる	治す 治る	病気やけがの場合に使う
はじめ はじめる	御《ご》用はじめ 会をはじめる	始め 始める	はじめること
	はじめのうち 生まれてはじめて	初め 初める	最初のうち、はじまっただんかい
あつい	あつい夏 あつさ寒さもひがんまで	暑い	気温が高いじょうたい
	あついスープ まぶたがあつくなる	熱い	温度が高い。感じやすいじょうたい
つく	席につく 地面に足をつける	着く 着ける	うつって来てそこにある、いる

読み	漢字	例	意味
	挙げる	全力をあげる	はっきりわかるようにしめす
	挙がる	問題点があがる	
たつ たてる	建つ 建てる	ビルがたつ 銅像《どうぞう》をたてる	建物など立体物がたつ場合に使う
	立つ 立てる	うわさがたつ 計画をたてる たち上がる	起き上がる。作用が明らかになる。現象《げんしょう》や物事が新たに設《もう》けられる
さす	指す	さし示《しめ》す 名ざしする	指で示《しめ》す
	差す	水をさす 赤みがさす かさをさす	それまでなかったものがあらわれる、なかったものを加えるなどの意味を表す
うむ うまれる	生む 生まれる	りえきをうむ 新記録がうまれる	それまでなかったものを作り出す
	産む 産まれる	たまごをうむ 子どもがうまれる	子ども・たまごなどについて言う

読み	漢字	例	意味
つける	付く 付ける	味方につく 名前をつける	そこからはなれないじょうたいなどについて言う
わかれる	分かれる	意見がわかれる 道がわかれる	1つのものがはなれて2つ以上になる
	別れる	手をふってわかれる 家族とわかれてくらす	人とのわかれ。「分かれる」とは送りがなの付け方がちがうことに注意
かわる かえる	代わる 代える	父にかわって行く 命にはかえられない	代理や交代の意味
	変わる 変える	むかしとかわらない 目の色をかえる	変化の意味
はかる	計る	タイミングをはかる	数や時間をはかる
	量る	体重をはかる	重さなどをはかる

本書記載の情報は制作時点のものです。受検をお考えの方は、必ずご自身で下記の公益財団法人 日本漢字能力検定協会の発表する最新情報をご確認ください。

公益財団法人 日本漢字能力検定協会
【ホームページ】 https://www.kanken.or.jp/
＜本部＞ 京都市東山区祇園町南側 551 番地
TEL：(075)757－8600　FAX：(075)532－1110
ホームページにある「よくある質問」を読んで該当する質問がみつからなければメールフォームでお問合せください。電話でのお問合せ窓口は 0120－509－315（無料）です。

◆「漢検」「漢字検定」は公益財団法人 日本漢字能力検定協会の登録商標です。

本書に関する正誤等の最新情報は、下記のアドレスでご確認ください。
http://www.seibidoshuppan.co.jp/info/kakikomi-kanken7-2311

◉ 上記アドレスに掲載されていない箇所で、正誤についてお気づきの場合は、書名・質問事項・氏名・住所（または FAX 番号）を明記の上、**成美堂出版**まで**郵送**または **FAX** でお問い合わせください。**お電話でのお問い合わせはお受けできません。**
◉ 内容によってはご質問をいただいてから回答を発送するまでお時間をいただくこともございます。
◉ 本書の内容を超える質問等にはお答えできませんので、あらかじめご了承ください。

よくあるお問い合わせ

Q **持っている辞書に掲載されている部首と、本書に掲載されている部首が違いますが、どちらが正解でしょうか？**

A 辞書によっては、部首としているものが異なることがあります。**漢検の採点基準では、「漢検要覧2～10級対応 改訂版」（日本漢字能力検定協会発行）で示しているものを正解としています**ので、本書もこの基準に従っています。そのためお持ちの辞書と部首が異なることがあります。

書き込み式 漢字検定７級問題集

編　著　成美堂出版編集部
発行者　深見公子
発行所　成美堂出版
〒162-8445　東京都新宿区新小川町 1-7
電話(03)5206-8151 FAX(03)5206-8159
印　刷　大盛印刷株式会社

ISBN978-4-415-23275-1
落丁・乱丁などの不良本はお取り替えします
定価はカバーに表示してあります

書き込み式 漢字検定7級問題集

別さつ

答え・かいせつ

本さつP.10からはじまる練習問題の答え・かいせつ

本さつP.60からの本試験型《がた》テストの答え・かいせつ

- 解答《かい》は、常用《じょう》漢字および常用漢字音訓表の読みで答えてください。それ以外の漢字・読みで答えると、正答とは認《みと》められません。
- 部首は、辞書や参考書によって多少違《ちが》いがあります。本書では『漢検要覧《らん》2～10級対応《おう》 改訂版《ていばん》』(日本漢字能力検定協会発行)によります。
- 解答が複《ふく》数ある場合は、どれか1つを書けば正解になります。

矢印の方向に引くと別さつが外れます

成美堂出版

コピーして使える答案用紙

一 読み (20)

10	9	8	7	6	5	4	3	2	1

二 読み (10)

10	9	8	7	6	5	4	3	2	1

五 音読み・訓読み (20)

10	9	8	7	6	5	4	3	2	1

七 漢字と送りがな (14)

7	6	5	4	3	2	1

八 同じ部首の漢字 (20)

7	1

十 じゅく語作り (20)

4	3	2	1

8	7	6	5

10	9

十一 漢字 (40)

3	2	1

13	12	11

学習日　　月　　日

／200

20	19	18	17	16	15	14	13	12	11

三 漢字えらび (20)

10	9	8	7	6	5	4	3	2	1

四 画数 (10)

10	9	8	7	6	5	4	3	2	1

六 対義《ぎ》語 (10)

5	4	3	2	1

3	2

6	5	4

10	9	8

九 同じ読みの漢字 (16)

2	1

4	3

6	5

8	7

10	9	8	7	6	5	4

20	19	18	17	16	15	14

第２章「本試験型テスト」の答案用紙です。くり返し学習したい人は、このページをコピーして使ってください。

学習ドリル 1 すぐにチェック!!練習問題【答え・かいせつ】

問題は本さつP10～12

練習問題① 読み

グレーの部分は答えのほそくです。

1 あいよう
2 あんない
3 いない
4 はくい
5 いちい
6 いばら
7 めじるし
8 えいご
9 えい 養《よう》
10 しおみず
11 おかやま
12 いちおくえん
13 参《さん》か
14 結《けっ》か
15 かもつ
16 かだい
17 はつが
18 がしょう
19 かいせい
20 はたす
21 め
22 あらたまって

1「愛用《あいよう》」は、気に入っていつも使っていること。

3「以内《いない》」は、それ(数)より下、少ないこと。一時間以内は一時間をふくんでそれより少ない時間。「未満《みまん》」の場合は、それ(数)をふくまずに、それより少ないこと。

6「茨《いばら》の道《みち》」は、こんなんが多い人生のたとえ。

15「貨物列車《かもつれっしゃ》」は、物資《し》を運ぶための列車のこと。

練習問題② 書き取り

グレーの部分は答えのほそくです。

1 親愛《しんあい》
2 案外《あんがい》
3 以上《いじょう》
4 衣料品《いりょうひん》
5 位置《いち》
6 印刷《いんさつ》
7 英会話《えいかいわ》
8 光栄《こうえい》
9 塩分《えんぶん》
10 静岡《しずおか》
11 億万《おくまん》
12 加《くわ》える
13 成果《せいか》
14 貨車《かしゃ》
15 日課《か》
16 芽生《めば》え
17 年賀《ねんが》
18 改良《かいりょう》
19 位《くらい》
20 栄《さか》えた
21 塩《しお》
22 果《は》たして

1「親愛《しんあい》」は、親しみと愛情《じょう》をもつこと。

2「案外《あんがい》」は、思いがけないこと。予想外のこと。

3「以上《いじょう》」は、それより多いこと。また、それよりすぐれていること。

13「成果《せいか》」は、できあがった結果《けっか》のこと。

練習問題③ 同じ読みの漢字

グレーの部分は答えのほそくです。

1 以外《いがい》
2 衣服《いふく》
3 英国《えいこく》
4 光栄《こうえい》
5 通貨《つうか》
6 果実《かじつ》
7 発芽《はつが》
8 年賀《ねんが》

練習問題④ 画数

グレーの部分は答えのほそくです。

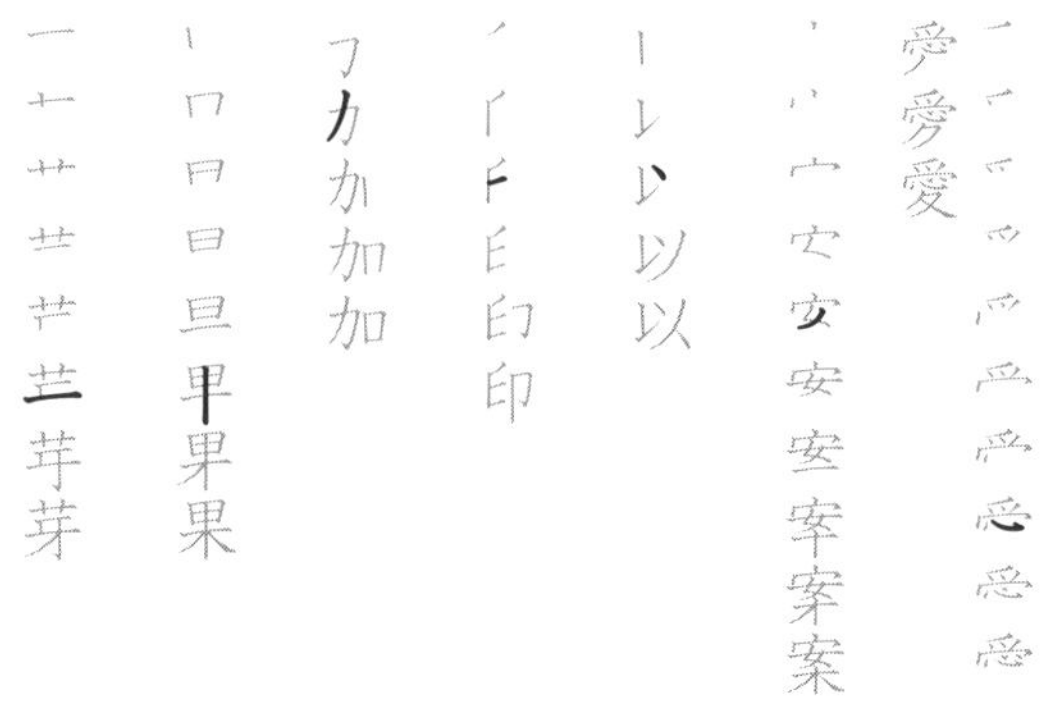

1 8
2 5
3 3
4 3
5 2
6 6
7 6
8 13
9 5
10 8
11 13
12 15
13 11
14 7

すぐにチェック!!練習問題【答え・かいせつ】

問題は本さつP14～16

練習問題 ① 読み

グレーの部分は答えのほそくです。

1 機《き》かい
2 こうがい
3 がい灯《とう》
4 かくち
5 おぼえる
6 にいがた
7 かん成《せい》
8 けい察《さつ》かん
9 けっかん
10 かんしん
11 きゃっかん
12 がんしょ
13 き望《ぼう》
14 しき
15 きしゅ
16 だがっき
17 きかい
18 かいぎ
19 もとめる
20 みかく
21 くだ
22 こっき

2「公害《こうがい》」は、事業活動によって地いき住民などに生じる健康ひ害。

11「客観《きゃっかん》」は、自分や特定《とく》の立場にとらわれずに、物事を見たり考えたりすること。対義《ぎ》語は主観的《てき》。

15「旗手《きしゅ》」は、運動会などの行進で、印《しるし》となる旗《はた》をもつ役目の人のこと。

20「味覚《みかく》」は、食べることによる味を感じる感覚。

練習問題 ② 書き取り

グレーの部分は答えのほそくです。

1 器械《きかい》
2 害虫《がいちゅう》
3 商店街《しょうてんがい》
4 各自《かくじ》
5 感覚《かんかく》
6 完治《かんち》
7 試験官《しけんかん》
8 金管《きんかん》
9 関係《かんけい》
10 観光客《かんこうきゃく》
11 念願《ねんがん》
12 希少《きしょう》
13 季節《きせつ》
14 旗《はた》
15 器具《きぐ》
16 飛行機《ひこうき》
17 議員《ぎいん》
18 求人《きゅうじん》
19 街角《まちかど》
20 関《かか》わる
21 願《ねが》い事《ごと》
22 国旗《こっき》

4「各自《かくじ》」は、それぞれの、個《こ》人の、ということ。

6「完治《かんち》」は、病気やけがが完全に治《なお》ること。

12「希少《きしょう》」は、数が少なくて、めずらしいこと。

18「求人《きゅうじん》」は、会社や何かの活動で、人をさがし求《もと》めること。

練習問題 ③ 同じ読みの漢字

グレーの部分は答えのほそくです。

1 水害《すいがい》
2 市街地《しがいち》
3 不覚《ふかく》
4 各駅《かくえき》
5 試験管《しけんかん》
6 観察《かんさつ》
7 機転《きてん》
8 希望《きぼう》

練習問題 ④ 画数

グレーの部分は答えのほそくです。

1 10
2 1
3 6
4 3
5 3
6 7
7 13

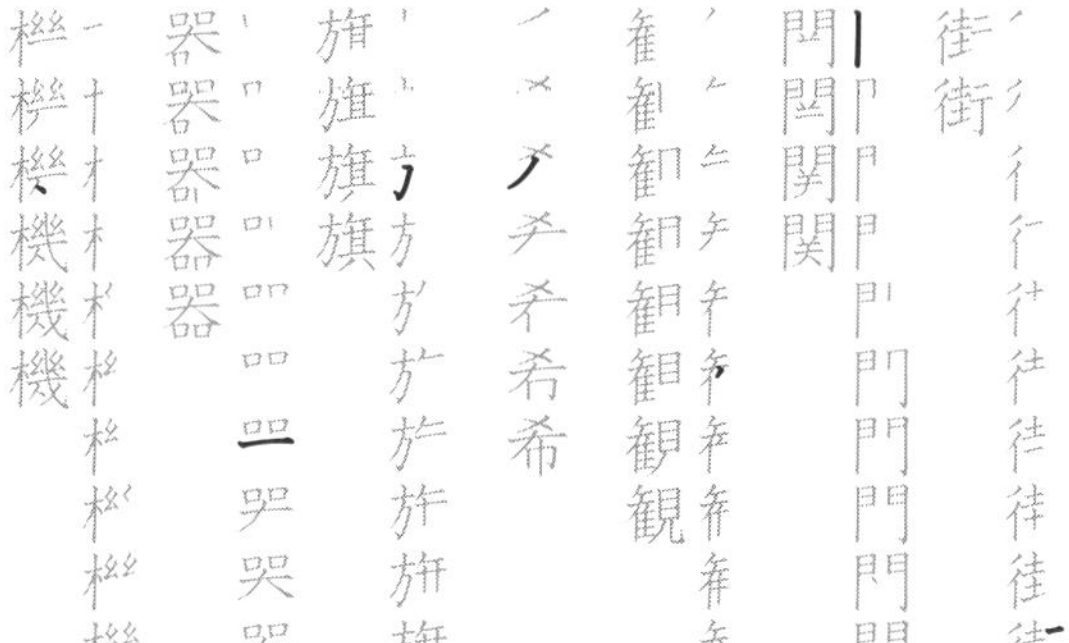

8 12
9 14
10 19
11 8
12 10
13 15
14 20

すぐにチェック!!練習問題【答え・かいせつ】

問題は本さつP18～20

練習問題 1 読み

グレーの部分は答えのほそくです。

1 ないた
2 きゅうしょく
3 きょしき
4 ぎょこう
5 こうきょう
6 きょうかい
7 きょうだい
8 きょうそう
9 ほっきょく
10 くま
11 くんれん
12 いちぐん
13 ぐん
14 たいぐん
15 はんけい
16 こうけい
17 がくげいいん
18 かけら
19 ちょっけつ
20 たいりょう
21 てかがみ
22 くん

3「挙式《きょしき》」は、式を挙《あ》げること。とくに結《けっ》こん式を指す場合もある。
11「訓練《くんれん》」とは、あることを体得《とく》するために練習などを続《つづ》けること。
17「学芸員《がくげいいん》」は、博《はく》物館などで、資料《しりょう》を集めたり、調査《さ》したりする職《しょく》員のこと。
19「直結《ちょっけつ》」は、二つのものを直接結《せつむす》びつけること。

練習問題 2 書き取り

グレーの部分は答えのほそくです。

1 泣《な》き虫《むし》
2 給水《きゅうすい》
3 挙手《きょしゅ》
4 漁業《ぎょぎょう》
5 共通《きょうつう》
6 協定《きょうてい》
7 望遠鏡《ぼうえんきょう》
8 徒競走《ときょうそう》
9 積極的《せっきょくてき》
10 熊手《くまで》
11 家訓《かくん》
12 軍手《ぐんて》
13 郡部《ぐんぶ》
14 群《む》れ
15 口径《こうけい》
16 景気《けいき》
17 曲芸《きょくげい》
18 欠席《けっせき》
19 結局《けっきょく》
20 挙《あ》げて
21 鏡《かがみ》
22 結《むす》ぶ

6「協定《きょうてい》」は、協議《きょうぎ》して取り決めること。また、その内容《よう》のこと。
9「積極的《せっきょくてき》」は、物事を自分から進んでおこなうこと。
11「家訓《かくん》」は、守るべきものとして、代々その家に伝《つた》わる教えなどのこと。

練習問題 3 同じ読みの漢字

グレーの部分は答えのほそくです。

1 協力《きょうりょく》
2 共学《きょうがく》
3 軍手《ぐんて》
4 大群《たいぐん》
5 直径《ちょっけい》
6 風景《ふうけい》
7 欠点《けってん》
8 結果《けっか》

練習問題 4 画数

グレーの部分は答えのほそくです。

1 6
2 4
3 4
4 10
5 8
6 8
7 10

8 12
9 14
10 20
11 13
12 12
13 7
14 12

学習ドリル 4　すぐにチェック!!練習問題【答え・かいせつ】

問題は本さつP22～24

練習問題 ① 読み

グレーの部分は答えのほそくです。

1 たてる
2 けんぜん
3 たいけん
4 こたい
5 こう労《ろう》
6 こうちょう
7 かおり
8 じこう
9 ふけんこう
10 たいさ
11 たいさ
12 やさい
13 さいこう
14 さいたま
15 ざいもく
16 ながさき
17 さくや
18 ふだ
19 さっしん
20 こうさつ
21 このんで
22 もっとも

2「健全《けんぜん》」は、心と体が正常《じょう》に働《はたら》いている状態《じょうたい》。

5「功労《こうろう》」は、功績《こうせき》と、そのための努《ど》力・労《ろう》苦のこと。

8「時候《じこう》」は、四季折折《きおりおり》の気候・天候のこと。

19「刷新《さっしん》」は、害《がい》を取りのぞいて物事を改《あらた》め、まったく新しいものにすること。

20「考察《こうさつ》」は、物事を明らかにするために、くわしく調べてよく考えること。

練習問題 ② 書き取り

グレーの部分は答えのほそくです。

1 建物《たてもの》
2 健康《けんこう》
3 実験室《じっけんしつ》
4 強固《きょうこ》
5 成功《せいこう》
6 好物《こうぶつ》
7 香《かお》り
8 悪天候《あくてんこう》
9 小康《しょうこう》
10 無差別級《むさべつきゅう》
11 青菜《あおな》
12 最初《さいしょ》
13 画材《がざい》
14 昨年《さくねん》
15 名札《なふだ》
16 印刷《いんさつ》
17 察知《さっち》
18 固《かた》める
19 好《この》んで
20 最《もっと》も
21 表札《ひょうさつ》
22 刷《す》る

4「強固《きょうこ》」は、しっかりしてゆるがないさま。

9「小康《しょうこう》」は、少しの間、事態《たい》がおさまっていること。とくに、病気がしばらくの間、安定していること。

10「無差別級《むさべつきゅう》」は、体重に関《かん》係なく出場できる種《しゅ》目。

17「察知《さっち》」は、おし量《はか》って、知ること。

練習問題 ③ 同じ読みの漢字

グレーの部分は答えのほそくです。

1 好天《こうてん》
2 気候《きこう》
3 白菜《はくさい》
4 最後《さいご》
5 新札《しんさつ》
6 観察《かんさつ》
7 建国《けんこく》
8 受験《じゅけん》

練習問題 ④ 画数

グレーの部分は答えのほそくです。

1 4 固
2 3 候
3 6 健
4 7 菜
5 6 昨
6 3 刷
7 2 験
8 11
9 10
10 12
11 9
12 14
13 11
14 9

まとめテスト 1 すぐにチェック!!練習問題【答え・かいせつ】

問題は本さつP25～26

練習問題 1 漢字と送りがな

1 加《くわ》える
2 改《あらた》める
3 覚《おぼ》える
4 願《ねが》う
5 求《もと》める
6 結《むす》ぶ
7 固《かた》める
8 好《この》む

練習問題 2 対義語《ぎ》

グレーの部分は答えのほそくです。

1 予想《よそう》 ↕ 結果《けっか》
2 失望《しつぼう》 ↕ 希望《きぼう》
3 笑《わら》う ↕ 泣《な》く
4 対立《たいりつ》 ↕ 協調《きょうちょう》
5 音読《おんよ》み ↕ 訓読《くんよ》み
6 満《み》ちる ↕ 欠《か》ける
7 病気《びょうき》 ↕ 健康《けんこう》
8 失敗《しっぱい》 ↕ 成功《せいこう》
9 悪意《あくい》 ↕ 好意《こうい》
10 平行《へいこう》 ↕ 交差《こうさ》
11 来年《らいねん》 ↕ 昨年《さくねん》
12 実験《じっけん》 ↕ 観察《かんさつ》

3「笑《わら》う」は、喜《よろこ》び・おかしさ・うれしさなどの感情《じょう》表現《げん》で、対義語《ぎ》は悲しさを表す「泣《な》く」。喜《よろこ》びをおさえることができない場合に笑うこともある。
4 同じ読みのじゅく語に「強調」がある。これは、ある事がらについて、強く主張《ちょう》すること。問題は「対立」の対義語《ぎ》なので、協力しあうという意味の「協調《きょうちょう》」が正解《かい》。
7 同じ読みの「建」との書き分けに注意。建は「建《た》てる」という意味で、「建国・建材《ざい》」などのじゅく語に使われる。
10「平行」は、直線や平面などが交わらないこと。対義語は、交わるという意味の「交差《こうさ》」が正解。

練習問題 3 同じ部首の漢字

グレーの部分は答えのほそくです。

1 図案《ずあん》
2 栄光《えいこう》
3 果実《かじつ》
4 音楽《おんがく》
5 地位《ちい》
6 一億《いちおく》
7 健康《けんこう》
8 天候《てんこう》
9 英語《えいご》
10 新芽《しんめ》
11 手芸《しゅげい》
12 山菜《さんさい》

練習問題 4 漢字えらび

グレーの文字は問題と選たくしの一部です。

1 イ 白衣《はくい》
2 ウ 成果《せいか》
3 ウ 外交官《がいこうかん》
4 ア 器械《きかい》
5 ウ 体験《たいけん》
6 ア 同好会《どうこうかい》
7 イ 考察《こうさつ》

学習ドリル 5 すぐにチェック!!練習問題【答え・かいせつ】

問題は本さつP28～30

練習問題① 読み

グレーの部分は答えのほそくです。

1 まいり
2 さんぎょう
3 ちり
4 ざんぎょう
5 さんし
6 しかい
7 しけん
8 じどう
9 おさめる
10 じしょ
11 しか
12 しょうしつ
13 かり物《もの》
14 しゅ類《るい》
15 まわり
16 ぶんさん
17 さんこうしょ
18 うまれた
19 ぜんち
20 みうしなう
21 しゃくよう
22 しゅうち

4「残業《ざんぎょう》」は、決められた労働《ろうどう》時間をこえて仕事をすること。

5「三氏《さんし》」は、三名の人、三者のことを指す。相手をうやまって人数を表すときに用いる。

16「分散《ぶんさん》」は、ばらばらに分かれて散ること。

19「全治《ぜんち》」は、けがなどが完全に治《なお》ること。

22「周知《しゅうち》」は、広いはん囲《い》に知らせること。

練習問題② 書き取り

グレーの部分は答えのほそくです。

1 参加《さんか》
2 名産品《めいさんひん》
3 散歩《さんぽ》
4 残《のこ》り物《もの》
5 氏名《しめい》
6 司書《ししょ》
7 入試《にゅうし》
8 育児《いくじ》
9 治安《ちあん》
10 辞典《じてん》
11 鹿《しか》
12 失礼《しつれい》
13 借金《しゃっきん》
14 種子《しゅし》
15 周辺《しゅうへん》
16 参《まい》り
17 試《こころ》み
18 治《おさ》まる
19 失《うしな》う
20 借《か》りる
21 種《たね》
22 周《まわ》り

6「司書《ししょ》」は、図書館の整理や本のかし出しなどを行う人のこと。

8「育児《いくじ》」は、子を育てること。

9「治安《ちあん》」は、世の中が治《おさ》まって、安全が保《たも》たれていること。

練習問題③ 同じ読みの漢字

グレーの部分は答えのほそくです。

1 司会者《しかいしゃ》
2 試着《しちゃく》
3 辞表《じひょう》
4 園児《えんじ》
5 種目《しゅもく》
6 梅酒《うめしゅ》
7 参考書《さんこうしょ》
8 生産地《せいさんち》

練習問題④ 画数

グレーの部分は答えのほそくです。

1 6
2 8
3 9
4 9
5 6
6 10
7 4

8 8
9 12
10 4
11 5
12 7
13 11
14 10

すぐにチェック!!練習問題【答え・かいせつ】

問題は本さつP32～34

練習問題① 読み

グレーの部分は答えのほそくです。

1 しゅくじつ
2 みちじゅん
3 しょきゅう
4 まつば
5 わらい
6 がっしょう
7 やけない
8 しょうめい
9 じょうもん
10 なわ張《ば》り
11 じゅうしん
12 しんよう
13 いど
14 かんせい
15 はんせい
16 せいりゅう
17 しずかな
18 はつ
19 なり行き
20 はぶく
21 きよめる
22 冷《れい》せい

4「松葉色《まつばいろ》」は、松の葉のような黄緑色のこと。

10「縄張《なわば》り」は、縄《なわ》を張《は》って境《きょう》界を決めることをいい、人間や動物の勢《せい》力はん囲《い》を表すことに使う。

11「重臣《じゅうしん》」は、臣下《しんか》(家来)のなかで、重職《しょく》の人のこと。また、身分の高い人。

18「初《はつ》もうで」は、年が明けて初めて神社や寺院にお参りすること。

練習問題② 書き取り

グレーの部分は答えのほそくです。

1 祝福《しゅくふく》
2 順番《じゅんばん》
3 初雪《はつゆき》
4 松《まつ》
5 苦笑《にがわら》い
6 愛唱歌《あいしょうか》
7 丸焼《まるや》け
8 参照《さんしょう》
9 城下町《じょうかまち》
10 縄《なわ》
11 大臣《だいじん》
12 信号《しんごう》
13 成功《せいこう》
14 省《はぶ》いて
15 清書《せいしょ》
16 安静《あんせい》
17 前祝《まえいわ》い
18 初歩《しょほ》
19 唱《とな》える
20 日照《ひで》り
21 成《な》り行《ゆ》き
22 静《しず》まった

6「愛唱歌《あいしょうか》」は、好《この》んで、よく歌われる歌のこと。

8「参照《さんしょう》」は、照《て》らし合わせ、参考にすること。

15「清書《せいしょ》」は、下書きなどをきれいに書き直すこと。

20「日照《ひで》り」は、日が照りつけることをいい、暑い季節に晴れの日が続き雨が降《ふ》らないこと。

練習問題③ 同じ読みの漢字

グレーの部分は答えのほそくです。

1 祝福《しゅくふく》
2 宿題《しゅくだい》
3 松竹梅《しょうちくばい》
4 暗唱《あんしょう》
5 家臣《かしん》
6 青信号《あおしんごう》
7 帰省《きせい》
8 静養《せいよう》

練習問題④ 画数

グレーの部分は答えのほそくです。

1 3 祝
2 4 初
3 3 焼
4 4 城
5 3 縄
6 1 臣
7 2 成
8 13
9 12
10 9
11 11
12 14
13 10
14 11

学習ドリル 7 すぐにチェック!!練習問題【答え・かいせつ】

問題は本さつP36～38

練習問題① 読み

グレーの部分は答えのほそくです。

1 きゃくせき
2 めんせき
3 させつ
4 せつぶん
5 とく
6 あさみどり
7 かんせん
8 せんしゅ
9 てんねん
10 きょうそう
11 そうこ
12 すばこ
13 約《やく》そく
14 そくせん
15 じぞく
16 そつぎょう
17 まご
18 いったい
19 がくたい
20 はいたつ
21 がわ
22 ふしめ

6「浅緑《あさみどり》」は、うすい緑色のこと。

14「側線《そくせん》」は、鉄道の線路で、列車がふつうに通る本線に対して、引きこみ用などの線路のこと。

15「持続《じぞく》」は、そのまま続《つづ》けること。ある状態《じょうたい》を保《たも》ち続けること。

22「節目《ふしめ》」は、木材《ざい》や竹などの節のあるところのことで、物事の区切り目のことも指す。

練習問題② 書き取り

グレーの部分は答えのほそくです。

1 席順《せきじゅん》
2 体積《たいせき》
3 右折《うせつ》
4 節約《せつやく》
5 説明《せつめい》
6 遠浅《とおあさ》
7 苦戦《くせん》
8 改選《かいせん》
9 当然《とうぜん》
10 争議《そうぎ》
11 船倉《せんそう》
12 巣作《すづく》り
13 結束《けっそく》
14 側面《そくめん》
15 続出《ぞくしゅつ》
16 卒業《そつぎょう》
17 子孫《しそん》
18 熱帯魚《ねったいぎょ》
19 軍隊《ぐんたい》
20 達人《たつじん》
21 時折《ときおり》
22 花束《はなたば》

8「改選《かいせん》」は、議員《ぎ》や役員などの任期《にん》が終わったときに、改《あらた》めて選挙《せんきょ》すること。

11「船倉《せんそう》」は、船の中にある、貨物《か》を積《つ》んでおく場所。「ふなぐら」とも読む。

13「結束《けっそく》」は、仲間《なか》が団結《だんけつ》すること。

練習問題③ 同じ読みの漢字

グレーの部分は答えのほそくです。

1 初戦《しょせん》
2 選挙《せんきょ》
3 競争《きょうそう》
4 倉庫《そうこ》
5 約束《やくそく》
6 側方《そくほう》
7 包帯《ほうたい》
8 隊員《たいいん》

練習問題④ 画数

グレーの部分は答えのほそくです。

1 8
2 12
3 4
4 9
5 5
6 3
7 3
8 12
9 10
10 7
11 11
12 8
13 10
14 12

学習ドリル 8 すぐにチェック!!練習問題【答え・かいせつ】

問題は本さつP40～42

練習問題 ① 読み

グレーの部分は答えのほそくです。

1 たんご
2 いち
3 不《ふ》なか
4 おき
5 ちょうこう
6 ていか
7 てい辺《へん》
8 まと
9 こてん
10 でんごん
11 とほ
12 どりょくか
13 とうゆ
14 労《ろう》どう
15 とくだい
16 あくとく
17 とちぎ
18 ひくく
19 そこ
20 てきちゅう
21 てつだった
22 つとめる

3「不仲《ふなか》」は、仲が良《よ》くないこと。

5「兆候《ちょうこう》」は、物事の起こる前ぶれのこと。

16「悪徳商法《あくとくしょうほう》」は、消費《ひ》者を対象《しょう》に違法《いほう》な取引などで不《ふ》当な利益《りえき》を得《え》る商法《ほう》。組織《しき》的に行われることが多い。

20「的中《てきちゅう》」は、矢などが的《まと》にあたること。命中すること。また、予想などがあたること。

練習問題 ② 書き取り

グレーの部分は答えのほそくです。

1 単位《たんい》
2 置物《おきもの》
3 仲間《なかま》
4 沖《おき》
5 一兆《いっちょう》
6 低空《ていくう》
7 海底《かいてい》
8 目的《もくてき》
9 事典《じてん》
10 自伝《じでん》
11 徒競走《ときょうそう》
12 努力《どりょく》
13 灯台《とうだい》
14 働《はたら》かない
15 特急《とっきゅう》
16 人徳《じんとく》
17 配置《はいち》
18 底《そこ》
19 的《まと》
20 伝《つた》わる
21 努《つと》める
22 労働《ろうどう》

5「一兆《いっちょう》」は、数の単位で一億《おく》の一万倍。

10「自伝《じでん》」は、自分で書いた自分の伝記のこと。

13「灯台《とうだい》」は、船が安全に航《こう》行できるように光を放つなど海に近い場所にある施設《しせつ》。

16「人徳《じんとく》」は、その人に備《そな》わっている人がら。

練習問題 ③ 同じ読みの漢字

グレーの部分は答えのほそくです。

1 単位《たんい》
2 短歌《たんか》
3 最低《さいてい》
4 海底《かいてい》
5 祭典《さいてん》
6 失点《しってん》
7 特別《とくべつ》
8 徳島《とくしま》

練習問題 ④ 画数

グレーの部分は答えのほそくです。

1 13 置
2 6 沖
3 2 灯
4 7 低
5 4 典
6 3 灯
7 8 働
8 7
9 8
10 8
11 10
12 7
13 10
14 9

まとめテスト 2 すぐにチェック!!練習問題【答え・かいせつ】

問題は本さつP43～44

練習問題 1 漢字と送りがな

1 試《こころ》み
2 失《うしな》う
3 祝《いわ》う
4 唱《とな》える
5 照《て》れる
6 清《きよ》らか
7 折《お》れる
8 争《あらそ》う

練習問題 2 対義語《ぎ》

グレーの部分は答えのほそくです。

1 発病《はつびょう》 ↕ 全治《ぜんち》
2 中心《ちゅうしん》 ↕ 周辺《しゅうへん》
3 最後《さいご》 ↕ 最初《さいしょ》
4 運動《うんどう》 ↕ 静止《せいし》
5 深《ふか》い ↕ 浅《あさ》い
6 平和《へいわ》 ↕ 戦争《せんそう》
7 人工《じんこう》 ↕ 天然《てんねん》
8 中止《ちゅうし》 ↕ 続行《ぞっこう》
9 海面《かいめん》 ↕ 海底《かいてい》
10 失敗《しっぱい》 ↕ 成功《せいこう》
11 先生《せんせい》 ↕ 生徒《せいと》
12 集中《しゅうちゅう》 ↕ 分散《ぶんさん》

1「全治《ぜんち》」は、病気やけがが完全に治《なお》ること。同義《ぎ》語に「完治《かんち》」がある。

4「静止《せいし》」は、じっとして動かないこと。

7「人工《じんこう》」は、自然《ぜん》のものに人間が手を加《くわ》えること。また、人間の手で自然と同じようなものを作ったり、自然と同じような現象《げんしょう》を起こしたりすること。「天然《てんねん》」は、自然のままであること。

8「続行《ぞっこう》」は、続《つづ》けて行うこと。

9「テイ」には、同じ読み方で「ひくい」を意味する「低」がある。海面に対して「海のそこ」を意味するじゅく語なので、「海底《かいてい》」が正解《かい》。

12「集中《しゅうちゅう》」は、ひとつのところに集めること。「分散《ぶんさん》」は、ばらばらに分かれること。

練習問題 3 同じ部首の漢字

グレーの部分は答えのほそくです。

1 器具《きぐ》
2 司会者《しかいしゃ》
3 使命《しめい》
4 円周《えんしゅう》
5 試食《ししょく》
6 学説《がくせつ》
7 相談《そうだん》
8 調子《ちょうし》
9 自治会《じちかい》
10 遠浅《とおあさ》
11 消去《しょうきょ》
12 流水《りゅうすい》

練習問題 4 漢字えらび

グレーの文字は問題と選たくしの一部です。

1 ア 参加《さんか》
2 ア 司会《しかい》
3 ウ 祝辞《しゅくじ》
4 ア 通信《つうしん》
5 ウ 達成《たっせい》
6 イ 競争心《きょうそうしん》
7 イ 高低差《こうていさ》

学習ドリル 9 すぐにチェック!!練習問題【答え・かいせつ】

問題は本さつP46～48

練習問題 1 読み

グレーの部分は答えのほそくです。

1 ならく
2 なし
3 あつく
4 ねんがん
5 しっぱい
6 うめ
7 はくあい
8 ごはん
9 ひこうき
10 ひつどく
11 かいひょう
12 もくひょう
13 ふあん
14 ふじん
15 ふろく
16 ふりつ
17 ねっしん
18 やぶれ
19 ばいえん
20 むぎめし
21 とんで
22 かならず

1「奈落《ならく》の底《そこ》」は、深く底知れないところのこと。ぬけ出すことができないようなどうにもならない状態《じょうたい》をいう。

4「念願《ねんがん》」は、ずっと長く願《ねが》っていること。

7「博愛《はくあい》」は、すべての人を平等に愛《あい》すること。

15「付録《ふろく》」は、本文とは別《べつ》に補足《ほそく》や参考《さん》で付《ふ》けられたもの。

練習問題 2 書き取り

グレーの部分は答えのほそくです。

1 洋梨《ようなし》
2 加熱《かねつ》
3 記念日《きねんび》
4 敗戦《はいせん》
5 梅雨《ばいう》
6 博物館《はくぶつかん》
7 赤飯《せきはん》
8 飛《と》びこみ
9 必要《ひつよう》
10 投票《とうひょう》
11 標語《ひょうご》
12 不幸《ふこう》
13 夫《おっと》
14 送付《そうふ》
15 都道府県《とどうふけん》
16 敗《やぶ》れる
17 梅酒《うめしゅ》
18 飯《めし》
19 必《かなら》ず
20 水不足《みずぶそく》
21 夫人《ふじん》
22 付《つ》け根《ね》

5「梅雨《ばいう》」は、六月から七月ごろの季節的《きせつてき》な雨。つゆ。

11「標語《ひょうご》」は、自分の考えや守ってもらいたいことをかん潔《けつ》にわかりやすく言い表す言葉。

21「夫人《ふじん》」は、ほかの人の妻《つま》をうやまっていう言葉。

22「付《つ》け根《ね》」は、結合《けつ》している物の根元の部分。

練習問題 3 同じ読みの漢字

グレーの部分は答えのほそくです。

1 敗北《はいぼく》
2 配球《はいきゅう》
3 赤飯《せきはん》
4 反対《はんたい》
5 投票《とうひょう》
6 標本《ひょうほん》
7 不満《ふまん》
8 付近《ふきん》

練習問題 4 画数

グレーの部分は答えのほそくです。

1 10 熱
2 9 梅
3 9 博
4 5 飛
5 3 必
6 10 標
7 3 府
8 11
9 8
10 11
11 7
12 12
13 11
14 4

学習ドリル 10

すぐにチェック!!練習問題【答え・かいせつ】

問題は本さつP50～52

練習問題① 読み

グレーの部分は答えのほそくです。

1 とんで
2 ふくさよう
3 すいへい
4 べっしつ
5 しゅうへん
6 たいへん
7 べんり
8 ほうたい
9 ほうじ
10 ぼうえん
11 ぼくじょう
12 しゅうまつ
13 まんいん
14 みち
15 みんぞく
16 ぶじ
17 わかれて
18 あたり
19 つつむ
20 のぞむ
21 すえっ子《こ》
22 むり

2「副作用《ふくさよう》」は、治《ち》りょうに用いられた医薬品の本来の効果《こうか》とはことなる作用のこと。人体に有害《ゆうがい》であることが多い。

9「法事《ほうじ》」は、死んだ人のくようのために行う仏事《ぶつじ》。とくに毎年めぐってくる命日などの仏事のことをいう場合が多い。

10「望遠《ぼうえん》」は、遠くのものを見ること。

練習問題② 書き取り

グレーの部分は答えのほそくです。

1 富山《とやま》
2 副食《ふくしょく》
3 兵隊《へいたい》
4 区別《くべつ》
5 近辺《きんぺん》
6 変《か》わり者《もの》
7 不便《ふべん》
8 包丁《ほうちょう》
9 法案《ほうあん》
10 希望《きぼう》
11 牧草《ぼくそう》
12 後始末《あとしまつ》
13 満月《まんげつ》
14 未来《みらい》
15 民宿《みんしゅく》
16 無《む》料《りょう》
17 別《わか》れる
18 辺《あた》り
19 船便《ふなびん》
20 包《つつ》まれて
21 末《すえ》っ子《こ》
22 満《み》ちて

2「副食《ふくしょく》」は、ご飯《はん》などの主食にそえる食べ物。おかずのこと。

12「後始末《あとしまつ》」は、物事がすんだあとに、かたずけたり整理したりすること。

15「民宿《みんしゅく》」は、ホテルや旅館ではない民間の宿。

練習問題③ 同じ読みの漢字

グレーの部分は答えのほそくです。

1 底辺《ていへん》
2 変形《へんけい》
3 包帯《ほうたい》
4 手法《しゅほう》
5 満員《まんいん》
6 一万《いちまん》
7 未定《みてい》
8 意味《いみ》

練習問題④ 画数

グレーの部分は答えのほそくです。

1 8
2 7 副
3 4
4 6
5 10 望
6 8 満
7 3 無

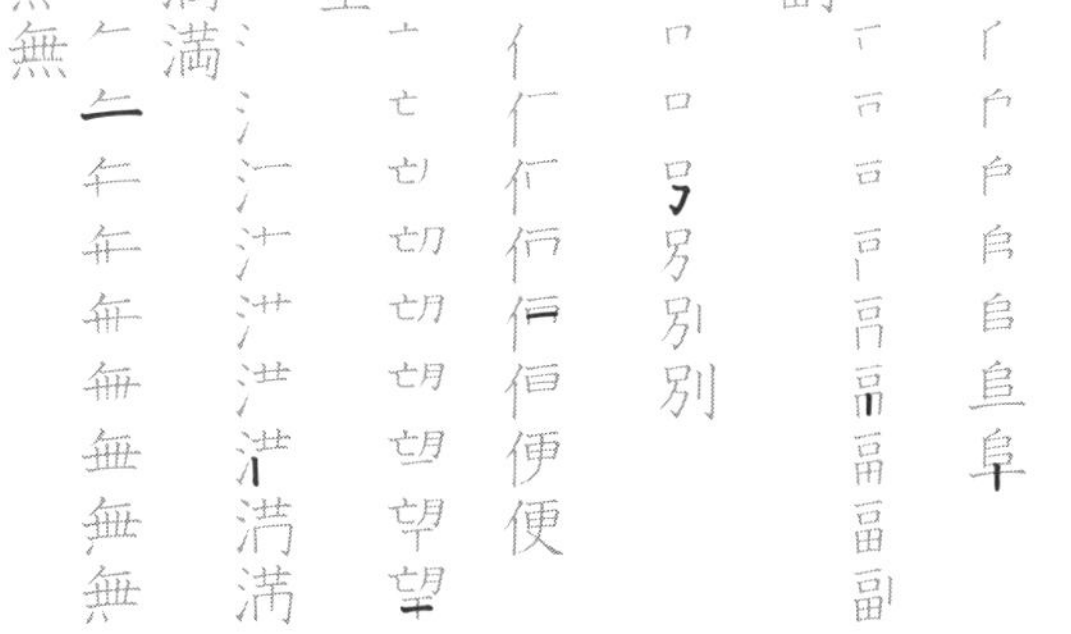

8 7
9 5
10 9
11 5
12 11
13 8
14 5

学習ドリル 11 すぐにチェック!!練習問題【答え・かいせつ】

問題は本さつP54〜56

練習問題 1 読み

グレーの部分は答えのほそくです。

1 やくそく
2 ゆうき
3 ようきゅう
4 ようぶん
5 よくしつ
6 りてん
7 りくち
8 さいりょう
9 しょくりょう
10 たいりょう
11 しゃりん
12 いるい
13 ごうれい
14 れいがい
15 れいぶん
16 つらなる
17 ろうご
18 くろう
19 ろくが
20 やしなう
21 あびる
22 れんぞく

3「要求《ようきゅう》」は、必要《ひつよう》なこととして、強く求《もと》めること。

6「利点《りてん》」は、有利な点のこと。また、長所のこと。

8「最良《さいりょう》」は、最《もっと》も良《よ》いこと。

14「冷害《れいがい》」は、夏の低《ひく》すぎる気温や日照《しょう》不《ぶ》足のために、農作物が実らないひ害のこと。

19「録画《ろくが》」は、えい像《ぞう》や画像《ぞう》をディスクなどに記録して再《さい》生する方法のこと。

練習問題 2 書き取り

グレーの部分は答えのほそくです。

1 予約《よやく》
2 勇気《ゆうき》
3 重要《じゅうよう》
4 栄養《えいよう》
5 大浴場《だいよくじょう》
6 利用《りよう》
7 陸上《りくじょう》
8 良好《りょうこう》
9 材料《ざいりょう》
10 音量《おんりょう》
11 一輪《いちりん》
12 親類《しんるい》
13 発令《はつれい》
14 冷静《れいせい》
15 例年《れいねん》
16 連休《れんきゅう》
17 長老《ちょうろう》
18 功労者《こうろうしゃ》
19 記録《きろく》
20 要《かなめ》
21 水浴《みずあ》び
22 首輪《くびわ》

11「一輪《いちりん》」は、一つの意味。「輪」は、さいている花を数えるのに用いる。

13「発令《はつれい》」は、法令《ほうれい》や指示《じ》などを出すこと。天気の注意報《ほう》などでも「発令」といわれる場合がある。

18「功労者《こうろうしゃ》」は、功績《せき》を残した人。

練習問題 3 同じ読みの漢字

グレーの部分は答えのほそくです。

1 必要《ひつよう》
2 休養《きゅうよう》
3 良心的《りょうしんてき》
4 調味料《ちょうみりょう》
5 命令《めいれい》
6 前例《ぜんれい》
7 老化《ろうか》
8 労力《ろうりょく》

練習問題 4 画数

グレーの部分は答えのほそくです。

1 7
2 8
3 5
4 10
5 14
6 5
7 6

8 9
9 10
10 11
11 10
12 18
13 8
14 10

まとめテスト 3 すぐにチェック!!練習問題【答え・かいせつ】

問題は本さつP57～58

練習問題1 漢字と送りがな

1 敗《やぶ》れる
2 便《たよ》り
3 包《つつ》む
4 望《のぞ》む
5 満《み》ちる
6 勇《いさ》む
7 量《はか》る
8 冷《さ》める

練習問題2 対義語《ぎ》

グレーの部分は答えのほそくです。

1 大勝《たいしょう》↕大敗《たいはい》
2 不要《ふよう》↕必要《ひつよう》
3 主食《しゅしょく》↕副食《ふくしょく》
4 会《あ》う↕別《わか》れる
5 期待《きたい》↕失望《しつぼう》
6 文頭《ぶんとう》↕文末《ぶんまつ》
7 新月《しんげつ》↕満月《まんげつ》
8 決定《けってい》↕未定《みてい》
9 有《あ》る↕無《な》い
10 熱湯《ねっとう》↕冷水《れいすい》
11 海上《かいじょう》↕陸上《りくじょう》
12 最悪《さいあく》↕最良《さいりょう》

1「大勝《たいしょう》」はスポーツやゲームなどで大きな差《さ》をつけて勝つこと。「大敗《たいはい》」は、大きな差で負けること。

3「主食《しゅしょく》」(ごはんやパン)の対義語《ぎ》は、「副食《ふくしょく》」(おかず)。

5「失望《しつぼう》」は、期待がはずれて、がっかりすること。また、その結果《けっか》、望《のぞ》みを失《うしな》うこと。

7「新月《しんげつ》」は細い三日月のこと。「満月《まんげつ》」は、全面がかがやいて丸く見える月のこと。

8「未定《みてい》」は、まだ、決まっていないこと。

10「冷水《れいすい》」は、冷《つめ》たい水のこと。温かい・熱いが反対の意味になるので、「温《おん》水《すい》」や「熱湯《ねっとう》」が対義語になる。

練習問題3 同じ部首の漢字

グレーの部分は答えのほそくです。

1 完敗《かんぱい》
2 整理《せいり》
3 放牧《ほうぼく》
4 教会《きょうかい》
5 標的《ひょうてき》
6 入梅《にゅうばい》
7 大黒柱《だいこくばしら》
8 大根《だいこん》
9 副菜《ふくさい》
10 送別会《そうべつかい》
11 列車《れっしゃ》
12 利器《りき》

練習問題4 漢字えらび

グレーの文字は問題と選たくしの一部です。

1 ウ 目標《もくひょう》
2 イ 付近《ふきん》
3 ウ 変身《へんしん》
4 イ 泳法《えいほう》
5 ア 要点《ようてん》
6 イ 量《りょう》
7 ア 寒冷《かんれい》

7級 本試験型《がた》テスト 第1回 答え・かいせつ

問題は本さつP60〜65

一 読み

各1点 計20点

グレーの部分は答えのほそくです。

1 あいけん
2 ともばたらき
3 じつれい
4 じゅんばん
5 ひやし
6 こうそつ
7 もっとも
8 とっくん
9 つづけて
10 なふだ
11 ほうちょう
12 しずか
13 ししょ
14 ちょうこう
15 たぐい
16 つもった
17 うき
18 やぶれる
19 そうべつかい
20 しんじん

6「高卒《こうそつ》」は、「高等学校卒業」を短くちぢめた言葉。

13「司書《ししょ》」は、図書のしゅう集や整理、保《ほ》ぞん、本のかし出しなどを行う人のこと。

18「敗《やぶ》れる」は、「負ける」と同じ意味。相手を「やぶる」ときには使わない。

20「いわしの頭《あたま》も信心《しんじん》から」は、いわしの頭のようにねうちのない物でも信じる人にはありがたい、という意味のことわざ。「心」は、この場合、「肝心《かんじん》」など同様、「じん」と読む（「肝」は3級配当漢字）。

二 読み

各1点 計10点

グレーの部分は答えのほそくです。

1 えきでん
2 つたわる
3 さいえん
4 油《あぶら》な
5 のうふ
6 おっと
7 しょにち
8 はつ日《ひ》の出《で》
9 しゅくさい日《じつ》
10 前《まえ》いわい

1「駅伝《えきでん》」は、駅伝競走の略《りゃく》語で、チームによる長きょりのリレーのこと。

4「油菜《あぶらな》」は、花が「菜の花」といわれるアブラナ科の植物。

三 漢字えらび

各2点 計20点

グレーの文字は問題と選たくしの一部です。

1 ア 落成《らくせい》
2 ウ 天候《てんこう》
3 イ 以上《いじょう》
4 ウ 商店街《しょうてんがい》
5 ア 食器《しょっき》
6 イ 持参《じさん》
7 ウ 案内《あんない》
8 ア 英会話《えいかいわ》
9 ウ 観光地《かんこうち》
10 イ 住民票《じゅうみんひょう》

四 画数

各1点 計10点

何画目
1 2
2 3
3 2
4 6
5 2

総画数
6 19
7 12
8 9
9 8
10 11

五 音読み・訓読み

各2点／計20点

1 イ
2 イ
3 ア
4 イ
5 ア
6 ア
7 ア
8 ア
9 イ
10 イ

六 対義語《ぎ》

各2点 計10点

グレーの部分は問題のじゅく語・答えのほそくです。

1 有線《ゆうせん》—無線《むせん》
2 改悪《かいあく》—改良《かいりょう》
3 決定《けってい》—未定《みてい》
4 平和《へいわ》—戦争《せんそう》
5 深《ふか》い—浅《あさ》い

2「改悪《かいあく》」は、物事を改めて、かえって悪くしてしまうこと。

3「未定《みてい》」の「未」は、「まだ〜していない」という意味を表す。

七 漢字と送りがな
各2点/計14点

1 焼《や》ける
2 望《のぞ》む
3 熱《あつ》く
4 願《ねが》う
5 挙《あ》がる
6 加《くわ》える
7 残《のこ》る

八 同じ部首の漢字
各2点 計20点

グレーの部分は問題の一部です。

ア
1 完走《かんそう》
2 長官《ちょうかん》
3 明察《めいさつ》

イ
4 機械《きかい》
5 同様《どうよう》
6 梅雨《ばいう》

ウ
7 体側《たいそく》
8 付録《ふろく》
9 方位《ほうい》
10 便乗《びんじょう》

九 同じ読みの漢字
各2点/計16点

グレーの部分は問題の一部です。

1 塩分《えんぶん》
2 遠足《えんそく》
3 各自《かくじ》
4 感覚《かんかく》
5 種目《しゅもく》
6 ぶどう酒《しゅ》
7 差《さ》
8 左記《さき》

十 じゅく語作り
各2点/計20点

グレーの部分は問題と選たくしの漢字を組み合わせたじゅく語です。

(一)
1 エ 分散《ぶんさん》
2 イ 散水《さんすい》

(二)
3 ア 風景《ふうけい》
4 エ 景気《けいき》

(三)
5 オ 和議《わぎ》
6 ウ 議員《ぎいん》

(四)
7 イ 不漁《ふりょう》
8 ア 漁場《ぎょじょう》

(五)
9 ウ 校旗《こうき》
10 イ 旗手《きしゅ》

十一 漢字
各2点 計40点

グレーの部分は答えのほそくです。

1 求《もと》めて
2 必《かなら》ず
3 城下町《じょうかまち》
4 健康《けんこう》
5 節目《ふしめ》
6 灯台《とうだい》
7 出席《しゅっせき》
8 自治体《じちたい》
9 試《こころ》みた
10 目的《もくてき》
11 選《えら》ばれる
12 結果《けっか》
13 説《と》く
14 週末《しゅうまつ》
15 万国博《ばんこくはく》
16 周《まわ》り
17 低《ひく》く
18 香《かお》り
19 変化球《へんかきゅう》
20 借《か》りたい

5「節目《ふしめ》」は、この場合、物事の区切り目のこと。

9「試《こころ》みる」は、実際《さい》の効《こう》果をためす、また結果がどうなるか、ためしにやってみること。

15「万国博《ばんこくはく》らん会《かい》」は、世界中の国がそれぞれ自国の特産品などを見せるための会のこと。

20「ねこの手《て》も借《か》りたい」は、本来なら借りても使えないねこの手すら借りたいほどいそがしいこと。

問題は本さつP66～71

一 読み

各1点 計20点

グレーの部分は答えのほそくです。

1 よい
2 ごうれい
3 あびる
4 つけた
5 ひつよう
6 かもつ
7 あらためて
8 きぼう
9 つつんで
10 このみ
11 しゅざい
12 きょくりょく
13 さかえた
14 いちおく
15 みおぼえ
16 ふくしょく
17 めばえた
18 しめい
19 かんぜん
20 なか

3「浴《あ》びる」は、行いや言葉を受けること。

12「極力《きょくりょく》」は、良い方向に向けて力をつくすこと。できる限《かぎ》り、という意味。

19「完全試合《かんぜんじあい》」は、野球やソフトボールなどの試合で、相手チームの打者を一度も出るいさせないで勝つゲームのこと。

20「親《した》しき仲《なか》にも礼《れい》ぎあり」は、どんなに仲の良い間であっても、おたがい守るべき礼ぎがあるということ。

二 読み

各1点 計10点

グレーの部分は答えのほそくです。

1 ろうじん
2 年《とし》おいた
3 ひがん
4 ねがい
5 さんぽ
6 ちって
7 ざんしょ
8 のこる
9 うせつ
10 おり紙《がみ》

3「悲願《ひがん》」は、ぜひ成しとげたいという悲しくても強い思いのこと。

7「残暑《ざんしょ》」は、立秋を過《す》ぎて、まだ残っている暑さのこと。

三 漢字えらび

各2点 計20点

グレーの文字は問題と選たくしの一部です。

1 イ 衣服《いふく》
2 ウ 完成《かんせい》
3 イ 共同《きょうどう》
4 ア 大群《たいぐん》
5 ウ 歌唱力《かしょうりょく》
6 イ 名人戦《めいじんせん》
7 ア 辞典《じてん》
8 ウ 反省《はんせい》
9 イ お赤飯《せきはん》
10 ウ 不明《ふめい》

四 画数

各1点 計10点

何画目

1 2
2 3
3 6
4 5
5 9

総画数

6 12
7 12
8 13
9 13
10 10

五 音読み・訓読み

各2点／計20点

1 イ
2 イ
3 ア
4 ア
5 ア
6 イ
7 イ
8 イ
9 ア
10 ア

六 対義語《ぎ》

各2点 計10点

グレーの部分は問題のじゅく語・答えのほそくです。

1 海洋《かいよう》―陸《りく》地《ち》
2 上空《じょうくう》―低空《ていくう》
3 中心《ちゅうしん》―周辺《しゅうへん》
4 遠方《えんぽう》―付近《ふきん》
5 温《あたた》める―冷《さ》ます

1「海洋《かいよう》」は、広くて大きい海のこと。

2「低空《ていくう》」は、空の低いところのこと。「高空」も対義《ぎ》語。

七 漢字と送りがな
各2点／計14点

1 群《むら》がる
2 産《う》まれる
3 散《ち》らす
4 祝《いわ》い
5 選《えら》ぶ
6 伝《つた》わる
7 帯《お》びる

八 同じ部首の漢字
各2点 計20点

グレーの部分は問題の一部です。

ア
1 答案《とうあん》
2 約束《やくそく》
3 東洋《とうよう》

イ
4 育英《いくえい》
5 白菜《はくさい》
6 手芸《しゅげい》

ウ
7 大漁《たいりょう》
8 治安《ちあん》
9 血清《けっせい》
10 泣《な》き顔《がお》

九 同じ読みの漢字
各2点／計16点

グレーの部分は問題の一部です。

1 四季《しき》
2 機会《きかい》
3 参観日《さんかんび》
4 関心《かんしん》
5 時候《じこう》
6 功名心《こうみょうしん》
7 児童《じどう》
8 持続《じぞく》

十 じゅく語作り
各2点／計20点

グレーの部分は問題と選たくしの漢字を組み合わせたじゅく語です。

(一)
1 エ 空軍《くうぐん》
2 イ 軍人《ぐんじん》

(二)
3 ウ 印刷《いんさつ》
4 ア 刷新《さっしん》

(三)
5 オ 考察《こうさつ》
6 イ 察知《さっち》

(四)
7 エ 車輪《しゃりん》
8 ア 輪唱《りんしょう》

(五)
9 イ 国連《こくれん》
10 オ 連日《れんじつ》

十一 漢字
各2点 計40点

グレーの部分は答えのほそくです。

1 果《は》たす
2 冷静《れいせい》
3 努《つと》める
4 利用《りよう》
5 勇《いさ》んで
6 兵力《へいりょく》
7 争《あらそ》い
8 駅伝《えきでん》
9 標本《ひょうほん》
10 例文《れいぶん》
11 内側《うちがわ》
12 方法《ほうほう》
13 欠《か》けた
14 体験《たいけん》
15 梅《うめ》
16 三面鏡《さんめんきょう》
17 無《な》い
18 飛《と》ばす
19 加工《かこう》
20 笑《わら》う

9「標本《ひょうほん》」は、植物やこん虫をアルコールなどの薬品でしょ理して保《ほ》ぞんしたもの。

16「三面鏡《さんめんきょう》」は、正面と左右に鏡のある鏡台のこと。

20「笑《わら》う門《かど》には福来《ふくきた》る」は、家族が仲良くくらして笑い声のたえない家には、ひとりでに幸福がまいこんで来るという意味のことわざ。「門」はこの場合、「家」を表す（「門《かど》」「来《きた》る」はそれぞれ中学読み）。

7級 本試験型《がた》テスト 第3回 答え・かいせつ

問題は本さつP72〜77

一 読み

各1点 計20点

グレーの部分は答えのほそくです。

1 みちて
2 わかれた
3 さいきょう
4 たいしょう
5 たてもの
6 しぜん
7 はぶく
8 めじるし
9 こてい
10 おき
11 かかわる
12 くら
13 たんちょう
14 くらい
15 ひょうさつ
16 しこう
17 きんぺん
18 ぶじ
19 せいこう
20 たより

4「隊商《たいしょう》」は、隊列を組んで、さばくなどを行き来する商人のこと。

13「単調《たんちょう》」は、変化がなく、一本調子であること。

15「表札《ひょうさつ》」は、住んでいる人の名を書いて、家の門や入り口などにかかげる札のこと。

16「試行《しこう》」は、ためしにやってみること。

20「便《たよ》りがないのはよい便《たよ》り」は、知らせなくてはならないような変わったことがないしょうこだから心配いらない、という意味。

二 読み

各1点 計10点

グレーの部分は答えのほそくです。

1 さかえた
2 えいよう
3 がいとう
4 まち
5 せいでんき
6 しずかに
7 じゅんい
8 くらい
9 ついきゅう
10 もとめて

5「静電気《せいでんき》」は、物にたまった電気のこと。物をこすり合わせると生じる。

9「追求《ついきゅう》」は、追い求めること。また、努力して手に入れようとすること。

三 漢字えらび

各2点 計20点

グレーの文字は問題と選たくしの一部です。

1 ウ 消化器官《しょうかきかん》
2 イ 競輪《けいりん》
3 ア 集散地《しゅうさんち》
4 イ 低音部《ていおんぶ》
5 ウ 自伝《じでん》
6 イ 分量《ぶんりょう》
7 ウ 南極《なんきょく》
8 ア 節度《せつど》
9 イ 日課《にっか》
10 イ 標語《ひょうご》

四 画数

各1点 計10点

何画目

1 2
2 6
3 7
4 5
5 4

総画数

6 9
7 12
8 10
9 10
10 12

五 音読み・訓読み

各2点／計20点

1 ア
2 イ
3 イ
4 イ
5 ア
6 ア
7 イ
8 ア
9 ア
10 イ

六 対義語《ぎ》

各2点 計10点

グレーの部分は問題のじゅく語・答えのほそくです。

1 悪天《あくてん》―好天《こうてん》
2 平行《へいこう》―交差《こうさ》
3 出席《しゅっせき》―欠席《けっせき》
4 活動《かつどう》―休養《きゅうよう》
5 気体《きたい》―固体《こたい》

1「悪天《あくてん》」は、よくない天気、悪天候のこと。

5「固体《こたい》」はふつう、形と体積があるものを指す。

七 漢字と送りがな
各2点／計14点

1 建《た》てる
2 働《はたら》き
3 固《かた》い
4 借《か》りる
5 唱《とな》える
6 浴《あ》びる
7 必《かなら》ず

八 同じ部首の漢字
各2点 計20点

グレーの部分は問題の一部です。

ア
1 加筆《かひつ》
2 労働《ろうどう》
3 勝負《しょうぶ》

イ
4 人種《じんしゅ》
5 積年《せきねん》
6 秒速《びょうそく》

ウ
7 左折《させつ》
8 代打《だいだ》
9 固持《こじ》
10 投球《とうきゅう》

九 同じ読みの漢字
各2点／計16点

グレーの部分は問題の一部です。

1 名案《めいあん》
2 暗室《あんしつ》
3 麦芽《ばくが》
4 画面《がめん》
5 不死鳥《ふしちょう》
6 付近《ふきん》
7 前兆《ぜんちょう》
8 通帳《つうちょう》

十 じゅく語作り
各2点／計20点

グレーの部分は問題と選たくしの漢字を組み合わせたじゅく語です。

(一)
1 ア 有害《ゆうがい》
2 ウ 害悪《がいあく》

(二)
3 エ 材料《ざいりょう》
4 イ 料金《りょうきん》

(三)
5 ア 農協《のうきょう》
6 オ 協会《きょうかい》

(四)
7 イ 国民《こくみん》
8 ウ 民間《みんかん》

(五)
9 エ 内陸《ないりく》
10 イ 陸軍《りくぐん》

十一 漢字
各2点 計40点

グレーの部分は答えのほそくです。

1 戦《たたか》い
2 記念日《きねんび》
3 果《は》て
4 失《うしな》う
5 大臣《だいじん》
6 郡内《ぐんない》
7 連《つら》なる
8 給食《きゅうしょく》
9 照《て》って
10 機械《きかい》
11 共《とも》
12 倉庫《そうこ》
13 松《まつ》
14 泣《な》き声《ごえ》
15 未来《みらい》
16 国旗《こっき》
17 治《おさ》まった
18 夜景《やけい》
19 清流《せいりゅう》
20 熱《あつ》さ

11「自他共《じたとも》に」は、自分も他人もということ。

15「未」の一画目と二画目の長さに注意する。長短をぎゃくにすると、別の字(「末(マツ・すえ)」)になる。

20「のど元《もと》過《す》ぎれば熱《あつ》さをわすれる」は、過ぎてしまえば苦しかったこともけろりとわすれてしまう、ということわざ。

問題は本さつP78～83

一 読み
各1点 計20点

グレーの部分は答えのほそくです。

1 かんきゃく
2 そこ
3 かがみ
4 ちょっけい
5 おまいり
6 えいご
7 ひざし
8 しか
9 いぜん
10 おび
11 わらい
12 やくそく
13 かわる
14 ゆうき
15 めいあん
16 うんだ
17 くわえる
18 いちりん
19 こうふ
20 あさい

3「鏡《かがみ》もち」は、正月や祝い事のときなどに神仏《ぶつ》にそなえるおもちのこと。平らで円形の大小二つのものを重ねる。

15「名案《めいあん》」は、だれもが感心するような良い考え。

16「うむ」には「生む」という書き方もあるが、子ども、ひな、たまごなどについて「うむ・うまれる」という場合は、とくに「産《う》む」を使う。

20「浅《あさ》い川《かわ》も深《ふか》くわたれ」は、どんな小さなことであっても、注意深く行動しなさいという意味。

二 読み
各1点 計10点

グレーの部分は答えのほそくです。

1 めいじ
2 おさめる
3 よせん
4 えらんで
5 ひらい
6 とぶ
7 しょうせつ
8 とき
9 あらそって
10 きょうそう

1「明治時代《めいじじだい》」は、西れき1868～1912年。令和《れい》→平成→昭和→大正→明治の順にさかのぼる。

5「飛来《ひらい》」は、飛んで来ること。

三 漢字えらび
各2点 計20点

グレーの文字は問題と選たくしの一部です。

1 ウ 食塩水《しょくえんすい》
2 イ 希望《きぼう》
3 ア 出欠《しゅっけつ》
4 イ 左折《させつ》
5 ウ 努力家《どりょくか》
6 ア 梅林《ばいりん》
7 ウ 副委員長《ふくいいんちょう》
8 ア 内包《ないほう》
9 ウ 教養《きょうよう》
10 ウ 勝利《しょうり》

四 画数
各1点 計10点

何画目
1 5
2 4
3 6
4 2
5 4

総画数
6 9
7 15
8 14
9 14
10 13

五 音読み・訓読み
各2点／計20点

1 イ
2 ア
3 イ
4 ア
5 イ
6 ア
7 イ
8 ア
9 ア
10 イ

六 対義語《ぎ》
各2点 計10点

グレーの部分は問題のじゅく語・答えのほそくです。

1 最後《さいご》―最初《さいしょ》
2 消極《しょうきょく》―積極《せっきょく》
3 客車《きゃくしゃ》―貨車《かしゃ》
4 円満《えんまん》―不仲《ふなか》
5 明日《あす》―昨日《さくじつ》

2「積極《せっきょく》」は、進んで働きかけること。

5「明日《あす》」は、じゅく字訓・当て字。

七 漢字と送りがな

各2点／計14点

1 照《て》らす
2 省《はぶ》く
3 続《つづ》ける
4 無《な》くす
5 良《よ》けれ
6 失《うしな》う
7 改《あらた》める

八 同じ部首の漢字

各2点 計20点

グレーの部分は問題の一部です。

ア
1 議会《ぎかい》
2 調子《ちょうし》
3 相談《そうだん》

イ
4 会場《かいじょう》
5 今後《こんご》
6 倉庫《そうこ》

ウ
7 必見《ひっけん》
8 急行《きゅうこう》
9 友愛《ゆうあい》
10 入念《にゅうねん》

九 同じ読みの漢字

各2点／計16点

グレーの部分は問題の一部です。

1 勝敗《しょうはい》
2 配送《はいそう》
3 労働者《ろうどうしゃ》
4 活動《かつどう》
5 海底《かいてい》
6 決定《けってい》
7 清酒《せいしゅ》
8 成人式《せいじんしき》

十 じゅく語作り

各2点／計20点

グレーの部分は問題と選たくしの漢字を組み合わせたじゅく語です。

（一）
1 エ 念願《ねんがん》
2 イ 願書《がんしょ》

（二）
3 ア 人材《じんざい》
4 ウ 材料《ざいりょう》

（三）
5 エ 安静《あんせい》
6 ウ 静養《せいよう》

（四）
7 オ 目録《もくろく》
8 イ 録音《ろくおん》

（五）
9 ア 友好《ゆうこう》
10 ウ 好機《こうき》

十一 漢字

各2点 計40点

グレーの部分は答えのほそくです。

1 挙《あ》げた
2 石器時代《せっきじだい》
3 固《かた》める
4 残《のこ》り
5 放課後《ほうかご》
6 結果《けっか》
7 お祝《いわ》い
8 種類《しゅるい》
9 青菜《あおな》
10 徒歩《とほ》
11 伝《つた》わる
12 交通量《こうつうりょう》
13 各自《かくじ》
14 完敗《かんぱい》
15 散《ち》らかって
16 共感《きょうかん》
17 入浴《にゅうよく》
18 合唱《がっしょう》
19 関所《せきしょ》
20 飯《めし》

1「上げる」という書き方が広く使われるが、「式をあげる」「いくつかならべあげる」などの意味を表すときはとくに「挙《あ》げる」を使う。

14「完敗《かんぱい》」は、完全に負けること。

16「共感《きょうかん》」は、他人の感情や意見に同調すること。

20「同《おな》じかまの飯《めし》を食《く》う」は、いっしょに生活をする親しい仲間のこと。

7級 本試験型《がた》テスト 第5回 答え・かいせつ

問題は本さつP84〜89

一 読み

各1点 計20点

グレーの部分は答えのほそくです。

1 すった
2 夕やけ
3 はじめて
4 りくじょう
5 とっきゅう
6 えいかいわ
7 しゅうへん
8 かなめ
9 すえっ子《こ》
10 ほうぼく
11 ちょうかん
12 まと
13 くだ
14 じどう
15 てしお
16 りょうり
17 ときおり
18 いばら
19 はくい
20 きよければ

13「管《くだ》をまく」は、はた織《お》りのときの単調な動作や音のことで、酒によった人が同じことをくり返し、くどくど言うすがたに似《に》ていることから、しつこく同じことを何度も言うことのたとえ。

15「手塩《てしお》にかける」は、大切に育てること。

20「水清《みずきよ》ければ魚《うお》すまず」は、あまりにも水が清いと、魚もすみつかないように、人格《かく》が清すぎる人は人に親しまれにくく、かえって独《ひと》りぼっちになりやすいということ。

二 読み

各1点 計10点

グレーの部分は答えのほそくです。

1 こけい
2 かたい
3 かんけい
4 がかり
5 そうこ
6 くら
7 しゅうかい
8 まわり
9 にゅうばい
10 うめ

2「固《かた》いあく手」は、友情《じょう》を表すあく手のこと。

6「倉《くら》」は、米などをしまう場所。

9「入梅《にゅうばい》」は、つゆ入りのこと。

三 漢字えらび

各2点 計20点

グレーの文字は問題と選たくしの一部です。

1 ウ 加算《かさん》
2 イ 月給日《げっきゅうび》
3 ア 気候《きこう》
4 ウ 山菜《さんさい》
5 ア 調印《ちょういん》
6 ア 音信《おんしん》
7 イ 着席《ちゃくせき》
8 ウ 選出《せんしゅつ》
9 イ 熱帯魚《ねったいぎょ》
10 ア 改良《かいりょう》

四 画数

各1点 計10点

何画目
1 3
2 16
3 7
4 8
5 9

総画数
6 14
7 12
8 15
9 14
10 11

五 音読み・訓読み

各2点／計20点

1 イ
2 イ
3 イ
4 ア
5 ア
6 ア
7 ア
8 イ
9 ア
10 イ

六 対義語《ぎ》

各2点 計10点

グレーの部分は問題のじゅく語・答えのほそくです。

1 有名《ゆうめい》—無名《むめい》
2 連発《れんぱつ》—単発《たんぱつ》
3 熱湯《ねっとう》—冷水《れいすい》
4 入学《にゅうがく》—卒業《そつぎょう》
5 会《あ》う—別《わか》れる

2「発」は、発生や発しゃ、発言などを指す。連発・単発は、連続して起こるか、一回かぎりのことか、という対義語《ぎ》。

七 漢字と送りがな

各2点／計14点

1 覚《さ》める
2 治《なお》す
3 求《もと》める
4 欠《か》ける
5 静《しず》かな
6 包《つつ》む
7 努《つと》める

八 同じ部首の漢字

各2点 計20点

グレーの部分は問題の一部です。

ア
1 徒労《とろう》
2 半径《はんけい》
3 期待《きたい》

イ
4 川底《かわぞこ》
5 最高学府《さいこうがくふ》
6 健康《けんこう》

ウ
7 商店《しょうてん》
8 定員《ていいん》
9 楽器《がっき》
10 君主《くんしゅ》

九 同じ読みの漢字

各2点／計16点

グレーの部分は問題の一部です。

1 完成《かんせい》
2 関節《かんせつ》
3 飛球《ひきゅう》
4 悲鳴《ひめい》
5 念《ねん》
6 年表《ねんぴょう》
7 照明《しょうめい》
8 合唱《がっしょう》

十 じゅく語作り

各2点／計20点

グレーの部分は問題と選たくしの漢字を組み合わせたじゅく語です。

(一) 1 オ 2 イ 戦果《せんか》 果実《かじつ》
(二) 3 ウ 4 エ 列挙《れっきょ》 挙行《きょこう》
(三) 5 ア 6 エ 教訓《きょうくん》 訓読《くんどく》
(四) 7 イ 8 オ 上司《じょうし》 司法《しほう》
(五) 9 エ 10 イ 打順《だじゅん》 順風《じゅんぷう》

十一 漢字

各2点 計40点

グレーの部分は答えのほそくです。

1 反省会《はんせいかい》
2 花束《はなたば》
3 養《やしな》う
4 伝票《でんぴょう》
5 白旗《しろはた》
6 光栄《こうえい》
7 結《むす》ぶ
8 敗《やぶ》れた
9 協力《きょうりょく》
10 病欠《びょうけつ》
11 辞書《じしょ》
12 品種《ひんしゅ》
13 巣箱《すばこ》
14 市民会館《しみんかいかん》
15 夫《おっと》
16 公害《こうがい》
17 望《のぞ》み
18 競争心《きょうそうしん》
19 学芸会《がくげいかい》
20 灯台《とうだい》

4「伝票《でんぴょう》」は、お金や物品の出入りなどを記録する用紙。

5「白旗《しろはた》」は白い旗で、負けたときや休戦のとき、戦意がないことを示《しめ》すためにかかげる旗のこと。

16「公害《こうがい》」は、事業活動などによって生じる、住民の健康ひ害や自然破《は》かいのこと。

20「灯台《とうだい》もと暗《くら》し」は、身近なことはかえって気付かないということ。

一 読み
各1点 計20点
グレーの部分は答えのほそくです。

1 となえる
2 おおぜき
3 しょうとう
4 かだい
5 えらび
6 すいどうかん
7 こうろう
8 まち
9 なおる
10 けいき
11 もっとも
12 りこう
13 けつまつ
14 へいせい
15 なくて
16 あらたまって
17 まんげつ
18 えいさい
19 ひさん
20 なる

1「唱《とな》える」は、声に出して言う・読むこと、また、大声で言うこと。

8「まち」には、地域を表す「町」もあるが、商店などが集まって一区画をつくっている所は「街《まち》」と表す。

12「利口《りこう》」は、頭のよいこと、かしこいこと。

20「なせば成《な》る」は、「なせば成る、なさねば成らぬ何事も、成らぬは人のなさぬなりけり」という言葉が有名。どんなことでも、その気になってやり通せばできるということ。

二 読み
各1点 計10点
グレーの部分は答えのほそくです。

1 しお
2 えんぶん
3 ねっちゅう
4 あつい
5 びんじょう
6 たより
7 しょうちくばい
8 まつ
9 ていちょう
10 ひくく

5「便乗《びんじょう》」は、機会をとらえて利用すること。ついでに乗せてもらうこと。

7「松竹梅《しょうちくばい》」は、おめでたい植物としての松、竹、梅のこと。

三 漢字えらび
各2点 計20点
グレーの文字は問題と選たくしの一部です。

1 イ 季節《きせつ》
2 ウ 各地《かくち》
3 ア 待機《たいき》
4 イ 分散《ぶんさん》
5 ウ 落札《らくさつ》
6 イ 実働《じつどう》
7 ア 予約《よやく》
8 ウ 協議《きょうぎ》
9 イ 命令《めいれい》
10 ウ 願《がん》

四 画数
各1点 計10点

何画目
1 4
2 3
3 5
4 8
5 3

総画数
6 14
7 10
8 9
9 10
10 12

五 音読み・訓読み
各2点／計20点

1 ア
2 イ
3 ア
4 イ
5 イ
6 イ
7 ア
8 イ
9 ア
10 ア

六 対義語《ぎ》
各2点 計10点
グレーの部分は問題のじゅく語・答えのほそくです。

1 上席《じょうせき》—末席《まっせき》
2 平和《へいわ》—戦争《せんそう》
3 遠心《えんしん》—求心《きゅうしん》
4 笑《わら》う—泣《な》く
5 先生《せんせい》—生徒《せいと》

1「上席《じょうせき》」は、場所の中で上位とされる席・地位のことで、「末席《まっせき》」は、最も下の席・地位のこと。

七 漢字と送りがな 各2点／計14点

1 試《こころ》みる
2 固《かた》める
3 散《ち》らかる
4 量《はか》る
5 辺《あた》り
6 残《のこ》っ
7 周《まわ》り

八 同じ部首の漢字 各2点 計20点

グレーの部分は問題の一部です。

ア
1 児童《じどう》
2 一兆円《いっちょうえん》
3 月光《げっこう》

イ
4 結集《けっしゅう》
5 連続《れんぞく》
6 新緑《しんりょく》

ウ
7 借金《しゃっきん》
8 時候《じこう》
9 強健《きょうけん》
10 十億人《じゅうおくにん》

九 同じ読みの漢字 各2点／計16点

グレーの部分は問題の一部です。

1 未知《みち》
2 正味《しょうみ》
3 温帯《おんたい》
4 隊長《たいちょう》
5 自信《じしん》
6 臣下《しんか》
7 軍事力《ぐんじりょく》
8 郡《ぐん》

十 じゅく語作り 各2点／計20点

グレーの部分は問題と選たくしの漢字を組み合わせたじゅく語です。

(一)
1 エ 大器《たいき》
2 イ 器官《きかん》

(二)
3 ア 小差《しょうさ》
4 ウ 差別《さべつ》

(三)
5 エ 当初《とうしょ》
6 ア 初冬《しょとう》

(四)
7 オ 日課《にっか》
8 イ 課題《かだい》

(五)
9 ウ 速達《そくたつ》
10 エ 達人《たつじん》

十一 漢字 各2点 計40点

グレーの部分は答えのほそくです。

1 変《か》わる
2 祭典《さいてん》
3 照《て》れる
4 伝言《でんごん》
5 副社長《ふくしゃちょう》
6 冷《ひ》えた
7 鏡台《きょうだい》
8 好物《こうぶつ》
9 老《お》いて
10 節《ふし》あな
11 当然《とうぜん》
12 以内《いない》
13 要点《ようてん》
14 続《つづ》き
15 芽《め》
16 連勝《れんしょう》
17 底《そこ》
18 消印《けしいん》
19 都道府県《とどうふけん》
20 積《つ》もれば

10「節《ふし》あな」は、板などの節がぬけ落ちたあなのこと。

18「消印《けしいん》」は、消した印におすもので、とくにゆう便切手を使用するとおされる日付入りのスタンプのこと。

20「ちりも積もれば山《やま》となる」は、ちりのように小さなものでも、積もり積もれば大きな山となるという意味で、小さなことを、おろそかにしてはいけないということを表している。

7級　本試験型《がた》テスト　第7回　答え・かいせつ

問題は本さつP96～101

一　読み　（各1点　計20点）

グレーの部分は答えのほそくです。

1 やしなう
2 つとめる
3 けんぜん
4 かくしゅ
5 ねがい
6 しゃくち
7 あびせる
8 さんか
9 せっかく
10 つつみ
11 ちって
12 たたかい
13 ぐんぶ
14 いわう
15 こころみ
16 ひょうこう
17 ざんねん
18 めし
19 とくさん
20 あん

1「英気《えいき》を養《やしな》う」は、物事に取り組むために、活力をためること。

6「借地《しゃくち》」は、土地を借りる、また、借りた土地のこと。

7「浴《あ》びせる」は、集中的にこうげきや賞賛《しょうさん》、言葉などをかけること。

9「折角《せっかく》」は、残念に思う気持ちのこと。また、相手に対して申しわけない気持ちのこと。

20「案《あん》ずるより産《う》むがやすし」は、あれこれと心配していても、実際《さい》にやると案外たやすいということ。

二　読み　（各1点　計10点）

グレーの部分は答えのほそくです。

1 きょしゅ
2 あげる
3 ねんりん
4 わ
5 しっぱい
6 やぶれた
7 かんり
8 くだ
9 ねんまつ
10 すえ

3「年輪《ねんりん》」は、木の横断《だん》面に見られる円状《じょう》の輪のことで、人の成長のことも指す。

10「末《すえ》」は、物事の最後、終わったあとのこと。

三　漢字えらび　（各2点　計20点）

グレーの文字は問題と選たくしの一部です。

1 ウ　改行《かいぎょう》
2 イ　土建業《どけんぎょう》
3 イ　強固《きょうこ》
4 ウ　法治《ほうち》
5 イ　一周《いっしゅう》
6 ウ　約束《やくそく》
7 イ　感覚《かんかく》
8 ア　都道府県《とどうふけん》
9 イ　二等辺《にとうへん》
10 ウ　冷夏《れいか》

四　画数　（各1点　計10点）

何画目

1 7
2 2
3 9
4 1
5 5

総画数

6 11
7 15
8 20
9 12
10 18

五　音読み・訓読み　（各2点／計20点）

1 ア
2 イ
3 ア
4 イ
5 ア
6 ア
7 イ
8 イ
9 ア
10 イ

六　対義語《ぎ》　（各2点　計10点）

グレーの部分は問題のじゅく語・答えのほそくです。

1 長所《ちょうしょ》—欠点《けってん》
2 安心《あんしん》—心配《しんぱい》
3 来年《らいねん》—昨年《さくねん》
4 多芸《たげい》—無芸《むげい》
5 主食《しゅしょく》—副食《ふくしょく》

4「多芸《たげい》」は、多くの技術《ぎじゅつ》や芸事を身につけていることで、「無芸《むげい》」は、何の芸も身につけていないこと。

七 漢字と送りがな

各2点／計14点

1 果《は》たす
2 静《しず》まる
3 好《この》む
4 残《のこ》す
5 最《もっと》も
6 争《あらそ》う
7 伝《つた》わる

八 同じ部首の漢字

各2点 計20点

グレーの部分は問題の一部です。

ア
1 南極《なんきょく》
2 機会《きかい》
3 松葉《まつば》

イ
4 熱心《ねっしん》
5 同然《どうぜん》
6 照会《しょうかい》

ウ
7 説明《せつめい》
8 学課《がっか》
9 会計《かいけい》
10 訓話《くんわ》

九 同じ読みの漢字

各2点／計16点

グレーの部分は問題の一部です。

1 水兵《すいへい》
2 公平《こうへい》
3 低温《ていおん》
4 底面《ていめん》
5 席《せき》
6 積《せき》
7 利害《りがい》
8 千里《せんり》

十 じゅく語作り

各2点／計20点

グレーの部分は問題と選たくしの漢字を組み合わせたじゅく語です。

（一）
1 イ 式辞《しきじ》
2 ウ 辞表《じひょう》

（二）
3 ア 終結《しゅうけつ》
4 エ 結合《けつごう》

（三）
5 ウ 前菜《ぜんさい》
6 オ 菜食《さいしょく》

（四）
7 エ 園児《えんじ》
8 イ 児童《じどう》

（五）
9 ウ 親愛《しんあい》
10 イ 愛着《あいちゃく》

十一 漢字

各2点 計40点

グレーの部分は答えのほそくです。

1 お別《わか》れ
2 育児《いくじ》
3 教官《きょうかん》
4 差《さ》す
5 的《まと》
6 自覚《じかく》
7 初《はじ》めて
8 季節《きせつ》
9 不意《ふい》
10 祝日《しゅくじつ》
11 浅《あさ》い
12 司会《しかい》
13 帯《お》びる
14 衣服《いふく》
15 飛散《ひさん》
16 材木《ざいもく》
17 札《ふだ》
18 栄《さか》えて
19 塩《しお》
20 良薬《りょうやく》

1「わかれる」は、「分」との使い分けに注意する。「分」の場合は、「分かれる」のように、送りがなの付け方がちがうことにも注意。

9「不意《ふい》」は、とつ然、思いがけずということ。

20「良薬《りょうやく》は口《くち》に苦《にが》し」は、よく効く薬は苦くて飲みにくい。自分のことを本当に思って言ってくれることは、ありがたいが聞くのはつらいということ。

問題は本さつP102～107

一 読み

グレーの部分は答えのほそくです。

各1点 計20点

1 づれ
2 くびわ
3 きょうてい
4 ぎょこう
5 ひくめ
6 きかい
7 すばこ
8 しろくま
9 そうこ
10 りょうがわ
11 いさましい
12 かいてい
13 はつが
14 かなめ
15 えんじ
16 じっけん
17 はたらいて
18 がいとう
19 ばいう
20 あつい

3「協定《きょうてい》」は、争いをさけるために、協議して取り決めをすること。また、その文書のこと。
6「器械《きかい》」は、道具や器具、工具などのかん単な仕組みのもののこと。
20「鉄《てつ》は熱《あつ》いうちに打《う》て」は、鉄は赤く熱しているうちは形を変えられるが、冷えると固まってしまう。このことから、わかいうちの勉強が大切であること、何かをする場合は機会をのがしてはいけないことを意味する。

二 読み

グレーの部分は答えのほそくです。

各1点 計10点

1 かんけい
2 せき
3 しゅうけつ
4 むすぶ
5 まんかい
6 みち
7 けっか
8 はて
9 せいこう
10 なり

2「関《せき》」は、かい道や国境《きょう》に設《もう》けられていた関所のこと。「箱根の関」は、東海道の要所。
3「集結《しゅうけつ》」は、一か所に集まること。

三 漢字えらび

グレーの文字は問題と選たくしの一部です。

各2点 計20点

1 イ 塩田《えんでん》
2 ウ 鏡面《きょうめん》
3 ア 年功《ねんこう》
4 ウ 最小《さいしょう》
5 イ 参道《さんどう》
6 ウ 初心者《しょしんしゃ》
7 イ 天然《てんねん》
8 ア 登山隊《とざんたい》
9 ウ 飛行《ひこう》
10 ア 副本《ふくほん》

四 画数

各1点 計10点

何画目

1 6
2 6
3 3
4 7
5 2

総画数

6 10
7 19
8 15
9 13
10 12

五 音読み・訓読み

各2点／計20点

1 イ
2 ア
3 ア
4 イ
5 ア
6 ア
7 イ
8 イ
9 ア
10 イ

六 対義語《ぎ》

グレーの部分は問題のじゅく語・答えのほそくです。

各2点 計10点

1 病気《びょうき》—健康《けんこう》
2 流動《りゅうどう》—固定《こてい》
3 集中《しゅうちゅう》—分散《ぶんさん》
4 終点《しゅうてん》—起点《きてん》
5 悪意《あくい》—好意《こうい》

4「基点《き》」は、基準《きじゅん》・中心という意味（「基」は6級配当漢字）。終点の対義語《ぎ》は出発点を意味する「起点《きてん》」が正解《かい》となる。

七 漢字と送りがな
各2点／計14点

1 冷《ひ》やかす
2 包《つつ》む
3 変《か》わる
4 試《こころ》みる
5 戦《たたか》う
6 積《つ》もる
7 敗《やぶ》れる

八 同じ部首の漢字
各2点 計20点

グレーの部分は問題の一部です。

ア
1 失敗《しっぱい》
2 教室《きょうしつ》
3 改正《かいせい》

イ
4 授業中《じゅぎょうちゅう》
5 栄光《えいこう》
6 花束《はなたば》

ウ
7 害虫《がいちゅう》
8 宿直《しゅくちょく》
9 不安《ふあん》
10 外交官《がいこうかん》

九 同じ読みの漢字
各2点／計16点

グレーの部分は問題の一部です。

1 加入《かにゅう》
2 課長《かちょう》
3 老化《ろうか》
4 心労《しんろう》
5 平氏《へいし》
6 試験管《しけんかん》
7 点灯《てんとう》
8 一等《いっとう》

十 じゅく語作り
各2点／計20点

グレーの部分は問題と選たくしの漢字を組み合わせたじゅく語です。

(一)
1 ア 公共《こうきょう》
2 エ 共鳴《きょうめい》

(二)
3 エ 上位《じょうい》
4 イ 位置《いち》

(三)
5 オ 自治《じち》
6 エ 治水《ちすい》

(四)
7 オ 園芸《えんげい》
8 イ 芸人《げいにん》

(五)
9 イ 品種《ひんしゅ》
10 ウ 種類《しゅるい》

十一 漢字
各2点 計40点

グレーの部分は答えのほそくです。

1 清《きよ》める
2 必《かなら》ず
3 上達《じょうたつ》
4 特色《とくしょく》
5 欠《か》けた
6 記録《きろく》
7 選《えら》ばない
8 指令《しれい》
9 目覚《めざ》まし
10 未完《みかん》
11 何億年《なんおくねん》
12 望《のぞ》まない
13 省《はぶ》いて
14 機関《きかん》
15 札《ふだ》
16 加入《かにゅう》
17 放牧《ほうぼく》
18 観察《かんさつ》
19 書類《しょるい》
20 泣《な》く

1「清《きよ》める」は、けがれやよごれを取ること。

7「手段《だん》を選《えら》ばない」は、目的を達成するために、どんなことでもやるという意味。

10「未完《みかん》」は、まだ完成していないこと。

20「泣《な》く子《こ》は育《そだ》つ」は、大きな声で泣く赤ちゃんは元気なので、健康に育つということ。

7級 本試験型《がた》テスト 第9回 答え・かいせつ

問題は本さつP108～113

一 読み（各1点 計20点）

グレーの部分は答えのほそくです。

1 かんれい
2 とうひょう
3 うまれ
4 しんみん
5 すえ
6 もとめて
7 かたまった
8 がいちゅう
9 たより
10 きょうかん
11 さくや
12 あげて
13 ねっしょう
14 むれ
15 たとえば
16 ぐんて
17 なの花《はな》
18 せいしょ
19 こうかん
20 とぶ

4「臣民《しんみん》」は、君主に支配《しはい》される人民のこと。
9「風《かぜ》の便《たよ》り」は、どこからともなく伝わってくるうわさのこと。
12 能力を出すというときには「挙《あ》げる」と表す。
17「菜《な》の花《はな》」は、アブラナ科の黄色い花の総《そう》しょう。春のおとずれを告《つ》げる花。

20「飛《と》ぶ鳥《とり》を落《お》とす勢《いきお》い」は、飛ぶ鳥でさえ地面に落ちてしまうほど、大きい力を持ち、勢いに満ちている様子のたとえ。

二 読み（各1点 計10点）

グレーの部分は答えのほそくです。

1 ついか
2 くわわった
3 ぜんち
4 なおった
5 ちたい
6 おび
7 ゆうはん
8 めし
9 ひっし
10 かならず

3「全治《ぜんち》」は、病気やけがが完全に治ること。同義《ぎ》語は「完治《かんち》」。
8「飯《めし》の食《く》い上《あ》げ」は、食べられなくなる、またしゅう入などが減《へ》ること。

三 漢字えらび（各2点 計20点）

グレーの文字は問題と選たくしの一部です。

1 ウ 付着《ふちゃく》
2 イ 原案《げんあん》
3 ア 以前《いぜん》
4 ウ 半径《はんけい》
5 イ 城門《じょうもん》
6 ウ 安静《あんせい》
7 ア 体積《たいせき》
8 イ 船側《せんそく》
9 ウ 実例《じつれい》
10 ウ 入試《にゅうし》

四 画数（各1点 計10点）

何画目

1 3
2 4
3 6
4 6
5 6

総画数

6 13
7 13
8 16
9 12
10 15

五 音読み・訓読み（各2点／計20点）

1 イ
2 イ
3 イ
4 ア
5 ア
6 ア
7 イ
8 ア
9 ア
10 イ

六 対義語《ぎ》（各2点 計10点）

グレーの部分は問題のじゅく語・答えのほそくです。

1 公平《こうへい》—差別《さべつ》
2 休息《きゅうそく》—労働《ろうどう》
3 決算《けっさん》—予算《よさん》
4 文明《ぶんめい》—未開《みかい》
5 加《くわ》える—省《はぶ》く

3「決算《けっさん》」は、お金を計算して、しゅう入と支《し》出を出すことで、「予算《よさん》」は、あらかじめしゅう支を見積もっておくこと。

七 漢字と送りがな

各2点／計14点

1 治《おさ》まる
2 参《まい》る
3 覚《おぼ》える
4 清《きよ》し
5 折《お》れる
6 老《お》いる
7 満《み》ちる

八 同じ部首の漢字

各2点
計20点

グレーの部分は問題の一部です。

ア
1 調節《ちょうせつ》
2 落第《らくだい》
3 口笛《くちぶえ》

イ
4 博物館《はくぶつかん》
5 半円《はんえん》
6 卒園式《そつえんしき》

ウ
7 整列《せいれつ》
8 色刷り《いろずり》
9 金利《きんり》
10 副作用《ふくさよう》

九 同じ読みの漢字

各2点／計16点

グレーの部分は問題の一部です。

1 生徒《せいと》
2 都心《としん》
3 続出《ぞくしゅつ》
4 家族《かぞく》
5 欠場《けつじょう》
6 氷結《ひょうけつ》
7 土器《どき》
8 動機《どうき》

十 じゅく語作り

各2点／計20点

グレーの部分は問題と選たくしの漢字を組み合わせたじゅく語です。

(一)
1 イ 着衣《ちゃくい》
2 エ 衣類《いるい》

(二)
3 ア 伝票《でんぴょう》
4 ウ 票数《ひょうすう》

(三)
5 エ 無残《むざん》
6 イ 残量《ざんりょう》

(四)
7 ウ 発熱《はつねつ》
8 オ 熱意《ねつい》

(五)
9 ウ 木管《もっかん》
10 ア 管理《かんり》

十一 漢字

各2点
計40点

グレーの部分は答えのほそくです。

1 失《うしな》った
2 印《しるし》
3 味覚《みかく》
4 会議《かいぎ》
5 単語《たんご》
6 周辺《しゅうへん》
7 順位《じゅんい》
8 改《あらた》まった
9 三周《さんしゅう》
10 仲直《なかなお》り

11 手旗《てばた》
12 悪天候《あくてんこう》
13 訓練中《くんれんちゅう》
14 伝《つた》えて
15 食料《しょくりょう》
16 敗《やぶ》れた
17 照明《しょうめい》
18 北極《ほっきょく》
19 散歩《さんぽ》
20 鏡《かがみ》

3「秋《あき》の味覚《みかく》」は、秋にしゅうかくされる食品でこの時期が一年でいちばんおいしいといわれる。

8「改《あらた》まった場《ば》」は、何かの式典のように、形式の整った場所のこと。

20「子《こ》は親《おや》の鏡《かがみ》」は、「子は親をうつす鏡」ともいい、親の言動は子どもにえいきょうするので、子どもを見れば、その親がどんな人かわかるということ。

一 読み（各1点 計20点）

グレーの部分は答えのほそくです。

1 むすび
2 てり
3 はいたつ
4 しきてん
5 しゅくじ
6 うみべ
7 はかり
8 えんぶん
9 とき
10 にゅうせん
11 みんしゅく
12 さほう
13 まわり
14 がんしょ
15 かおり
16 はて
17 たば
18 さいきん
19 じさ
20 たね

1「結《むす》び」は、しめくくり、最後という意味。
6 二字じゅく語は音読みが多いが、「海辺《うみべ》」や「川辺《かわべ》」は訓読みする。
12「作法《さほう》」は、決められた方法。しきたり。

17「束《たば》になってかかる」は、大勢《ぜい》の人がいっしょに何かをやること。

20「まかぬ種《たね》は生《は》えぬ」は、何の種もまいていなければ、草木が生えるはずはなく、原因《いん》がなければ結果は生まれないということ。

二 読み（各1点 計10点）

グレーの部分は答えのほそくです。

1 けついん
2 かく
3 れんぞく
4 つらねて
5 せいしょ
6 きよらか
7 てきちゅう
8 まと
9 べっしつ
10 わかれる

1「欠員《けついん》」は、定員が不足していること。

7「的中《てきちゅう》」は、命中すること。また、予想などが当たること。

8「的《まと》」は、要点のこと。

三 漢字えらび（各2点 計20点）

グレーの文字は問題と選たくしの一部です。

1 イ 金貨《きんか》
2 ウ 完勝《かんしょう》
3 ウ 料理《りょうり》
4 イ 協調《きょうちょう》
5 ウ 平然《へいぜん》
6 ウ 灯火《とうか》
7 ア 不思議《ふしぎ》
8 イ 目標《もくひょう》
9 ア 利息《りそく》
10 イ 光景《こうけい》

四 画数（各1点 計10点）

何画目		総画数	
1	10	6	15
2	3	7	16
3	6	8	18
4	6	9	11
5	9	10	13

五 音読み・訓読み（各2点／計20点）

1 ア
2 イ
3 ア
4 ア
5 イ
6 ア
7 イ
8 ア
9 イ
10 イ

六 対義語《ぎ》（各2点 計10点）

グレーの部分は問題のじゅく語・答えのほそくです。

1 切《き》る — 結《むす》ぶ
2 肉食《にくしょく》 — 菜食《さいしょく》
3 年始《ねんし》 — 年末《ねんまつ》
4 青年《せいねん》 — 老人《ろうじん》
5 海面《かいめん》 — 海底《かいてい》

2「菜食《さいしょく》」は、野菜や果実などの植物性《せい》の食品を中心に食べて、肉や魚類をさける、食べないこと。

七 漢字と送りがな

各2点／計14点

1 栄《さか》える
2 改《あらた》める
3 初《はじ》め
4 笑《わら》う
5 浅《あさ》い
6 飛《と》ばす
7 低《ひく》い

八 同じ部首の漢字

各2点 計20点

グレーの部分は問題の一部です。

ア
1 家族《かぞく》
2 国旗《こっき》
3 旅行《りょこう》

イ
4 包帯《ほうたい》
5 希求《ききゅう》
6 指定席《していせき》

ウ
7 鏡開《かがみびら》き
8 銀行《ぎんこう》
9 鉄道《てつどう》
10 録音《ろくおん》

九 同じ読みの漢字

各2点／計16点

グレーの部分は問題の一部です。

1 予兆《よちょう》
2 手帳《てちょう》
3 号令《ごうれい》
4 事例《じれい》
5 満点《まんてん》
6 万年雪《まんねんゆき》
7 梅園《ばいえん》
8 発売日《はつばいび》

十 じゅく語作り

各2点／計20点

グレーの部分は問題と選たくしの漢字を組み合わせたじゅく語です。

(一)
1 ウ 自給《じきゅう》
2 オ 給油《きゅうゆ》

(二)
3 ウ 育英《いくえい》
4 ア 英知《えいち》

(三)
5 ア 市街《しがい》
6 エ 街角《まちかど》

(四)
7 エ 自伝《じでん》
8 イ 伝道《でんどう》

(五)
9 ウ 相関《そうかん》
10 イ 関心《かんしん》

十一 漢字

各2点 計40点

グレーの部分は答えのほそくです。

1 参《まい》って
2 浴《あ》びて
3 節約《せつやく》
4 借《か》りて
5 熱中《ねっちゅう》
6 待望《たいぼう》
7 共《とも》
8 残業《ざんぎょう》
9 位取《くらいど》り
10 楽隊《がくたい》
11 孫《まご》
12 苦労《くろう》
13 焼《や》けた
14 健康《けんこう》
15 大陸《たいりく》
16 商店街《しょうてんがい》
17 覚《おぼ》えて
18 建《た》った
19 養《やしな》う
20 芸《げい》

1「参《まい》る」は、こんなな状《じょう》きょうにあって、肉体や精《せい》神が弱ること。

3「節約《せつやく》」は、むだをなくして切りつめること。

6「待望《たいぼう》」は、実現《げん》を待ち望むこと。

20「芸《げい》は身《み》を助《たす》ける」は、身についた芸があれば、それで生計を立てることもできるし、人生をうまくわたれることもある、ということわざ。

問題は本さつP120〜125

一 読み

各1点 計20点

グレーの部分は答えのほそくです。

1 おさめる
2 はた
3 ねったい
4 さめない
5 おいた
6 つたって
7 みんしゅく
8 そこ
9 ふしぎ
10 まっき
11 えいしん
12 めし
13 せきの山《やま》
14 あんしょう
15 しつげん
16 せきせつ
17 じつどう
18 とばす
19 そくめん
20 なく

11「栄進《えいしん》」は、今までよりも高い地位に進むこと。

13「関《せき》の山《やま》」は、「せいぜい」という意味。三重県関町(現・かめ山市)で作られる山(山車《だし》)は立ぱなもので、それ以上のものは作れないということから、精《せい》いっぱい、限《げん》度のことをいう。

17「実働《じつどう》」は、実際《さい》に仕事について働くこと。

20「泣《な》く子《こ》は育《そだ》つ」は、大きな声でよく泣く子どもは元気な証《あかし》で、じょうぶに育つということ。

二 読み

各1点 計10点

グレーの部分は答えのほそくです。

1 かいさつ
2 ふだ
3 さんぎょう
4 うまれた
5 いち
6 おく
7 はいふ
8 つけて
9 べんり
10 おたより

1「改札口《かいさつぐち》」は、改札をするための出入り口。

7「配付《はいふ》」は、ある物を特定の人たち一人ひとりに配ること。

三 漢字えらび

各2点 計20点

グレーの文字は問題と選たくしの一部です。

1 ウ 案内《あんない》
2 イ 味覚《みかく》
3 ウ 受験《じゅけん》
4 イ 観察《かんさつ》
5 ウ 家臣《かしん》
6 イ 競争《きょうそう》
7 ア 徒労《とろう》
8 イ 副作用《ふくさよう》
9 ア 大変《たいへん》
10 ウ 課題曲《かだいきょく》

四 画数

各1点 計10点

何画目

1 4
2 3
3 7
4 7
5 6

総画数

6 18
7 9
8 16
9 12
10 14

五 音読み・訓読み

各2点/計20点

1 ア
2 イ
3 イ
4 ア
5 イ
6 ア
7 ア
8 イ
9 イ
10 ア

六 対義語《ぎ》

各2点 計10点

グレーの部分は問題のじゅく語・答えのほそくです。

1 着手《ちゃくしゅ》—完成《かんせい》
2 不要《ふよう》—必要《ひつよう》
3 中止《ちゅうし》—続行《ぞっこう》
4 当初《とうしょ》—結末《けつまつ》
5 新月《しんげつ》—満月《まんげつ》

1「着手《ちゃくしゅ》」は、物事に手をつけること。やり始めること。

3「続《ぞく》」は「続行《ぞっこう》」というじゅく語の読み方に注意する。

七 漢字と送りがな
各2点／計14点

1 別《わか》れる
2 望《のぞ》む
3 例《たと》える
4 努《つと》める
5 好《この》む
6 残《のこ》り
7 浴《あ》びる

八 同じ部首の漢字
各2点 計20点

グレーの部分は問題の一部です。

ア
1 周期《しゅうき》
2 命中《めいちゅう》
3 司令部《しれいぶ》

イ
4 勝敗《しょうはい》
5 整理《せいり》
6 発散《はっさん》

ウ
7 人類《じんるい》
8 順列《じゅんれつ》
9 顔面《がんめん》
10 宿願《しゅくがん》

九 同じ読みの漢字
各2点／計16点

グレーの部分は問題の一部です。

1 力量《りきりょう》
2 有料《ゆうりょう》
3 主要《しゅよう》
4 養育《よういく》
5 約《やく》
6 火薬《かやく》
7 包丁《ほうちょう》
8 法事《ほうじ》

十 じゅく語作り
各2点／計20点

グレーの部分は問題と選たくしの漢字を組み合わせたじゅく語です。

(一)
1 ア 夏季《かき》
2 ウ 季語《きご》

(二)
3 ウ 信念《しんねん》
4 ア 念頭《ねんとう》

(三)
5 エ 参照《さんしょう》
6 イ 照合《しょうごう》

(四)
7 ア 実印《じついん》
8 オ 印肉《いんにく》

(五)
9 エ 銀貨《ぎんか》
10 イ 貨物《かもつ》

十一 漢字
各2点 計40点

グレーの部分は答えのほそくです。

1 管《くだ》
2 無《な》い
3 大挙《たいきょ》
4 米倉《こめぐら》
5 良《よ》い
6 連《つ》れて
7 愛《あい》して
8 輪《わ》
9 白菜《はくさい》
10 希少《きしょう》
11 半径《はんけい》
12 加《くわ》わった
13 説教《せっきょう》
14 試作品《しさくひん》
15 初心《しょしん》
16 静《しず》まり
17 落選《らくせん》
18 英国《えいこく》
19 帰省《きせい》
20 求《もと》めよ

10「希少《きしょう》」は、とても少ないこと。「希」は「希望《きぼう》」の場合は「ねがい」を意味するが、ほかに「少ない、うすい」という意味もある。

18「英国《えいこく》」は、イギリスのことで、「英」一字でも「イギリスの」という意味を表す(「英語・英文・英人」など)。

20「求《もと》めよ、さらばあたえられん」は、キリスト教の新約せい書にある言葉。

7級 本試験型《がた》テスト 第12回 答え・かいせつ

問題は本さつP126～131

一 読み
各1点 計20点

グレーの部分は答えのほそくです。

1 おっと
2 ふくさよう
3 ねったいぎょ
4 はくぶつかん
5 あさくて
6 きよい
7 ぼうえん
8 たぐい
9 あらそって
10 きゅうすいしゃ
11 こうさつ
12 けっせき
13 よくしつ
14 しゅい
15 きょうだい
16 かならず
17 さんこうしょ
18 むり
19 たんいつ
20 おれ

8「類《たぐ》い」は、性質《せいしつ》の同じようなもののこと。

11「察」には「よく考える」という意味があり、「考察《こうさつ》」は同じような意味をもつ字を重ねたじゅく語。「取《しゅ》得《とく》」も、同じ成り立ちのじゅく語といえる。

20「やなぎに雪折《お》れなし」は、かたい木は雪の重みで枝《えだ》が折れてしまうこともあるが、しなやかなやなぎにはそれがない。やわらかく、しなやかなもののほうが、かたいものより、よくたえて強かったりすることがあるということわざ。

二 読み
各1点 計10点

グレーの部分は答えのほそくです。

1 いんさつ
2 すり

3 さんこう
4 まいって

5 せつぶん
6 ふし

7 はつが
8 め

9 ようぶん
10 やしなう

5「節分《せつぶん》」は、二月三日ごろ、立春の前日のこと。

6「節《ふし》くれ立《だ》つ」は、木などに節がたくさんあってごつごつしている様子のこと。

三 漢字えらび
各2点 計20点

グレーの文字は問題と選たくしの一部です。

1 イ 美観《びかん》
2 ウ 辞意《じい》
3 ウ 新種《しんしゅ》
4 イ 約定書《やくじょうしょ》
5 ア 材料《ざいりょう》
6 イ 前例《ぜんれい》
7 ウ 作成《さくせい》
8 イ 水害《すいがい》
9 ウ 半旗《はんき》
10 ア 配置《はいち》

四 画数
各1点 計10点

何画目

1 8
2 4
3 6
4 5
5 7

総画数

6 10
7 15
8 12
9 13
10 11

五 音読み・訓読み
各2点／計20点

1 イ
2 イ
3 ア
4 イ
5 ア
6 ア
7 イ
8 イ
9 ア
10 ア

六 対義語《ぎ》
各2点 計10点

グレーの部分は問題のじゅく語・答えのほそくです。

1 集中《しゅうちゅう》―分散《ぶんさん》
2 運動《うんどう》―静止《せいし》
3 人工《じんこう》―天然《てんねん》
4 高音《こうおん》―低音《ていおん》
5 冷《つめ》たい―熱《あつ》い

3 同じ読みの「人口」は、人の数のことをいう。
5 同じ読みの「暑い」は、気温が高いことを表す。

七 漢字と送りがな 各2点／計14点

1 加《くわ》わる
2 借《か》りる
3 唱《とな》える
4 試《こころ》みる
5 選《えら》ぶ
6 勇《いさ》ましい
7 積《つ》もる

八 同じ部首の漢字 各2点 計20点

グレーの部分は問題の一部です。

ア
1 伝言《でんごん》
2 仲間《なかま》
3 信号《しんごう》

イ
4 着陸《ちゃくりく》
5 陽気《ようき》
6 隊員《たいいん》

ウ
7 調達《ちょうたつ》
8 進度《しんど》
9 底辺《ていへん》
10 連想《れんそう》

九 同じ読みの漢字 各2点／計16点

グレーの部分は問題の一部です。

1 以下《いか》
2 衣食住《いしょくじゅう》
3 標的《ひょうてき》
4 調査票《ちょうさひょう》
5 共通《きょうつう》
6 協議《きょうぎ》
7 失意《しつい》
8 室内《しつない》

十 じゅく語作り 各2点／計20点

グレーの部分は問題と選たくしの漢字を組み合わせたじゅく語です。

(一) 1 ア 入選《にゅうせん》 2 ウ 選挙《せんきょ》
(二) 3 ウ 定説《ていせつ》 4 ア 説教《せっきょう》
(三) 5 オ 国産《こくさん》 6 イ 産科《さんか》
(四) 7 オ 未完《みかん》 8 イ 完投《かんとう》
(五) 9 イ 水浴《すいよく》 10 エ 浴用《よくよう》

十一 漢字 各2点 計40点

グレーの部分は答えのほそくです。

1 最《もっと》も
2 作戦《さくせん》
3 野菜《やさい》
4 松《まつ》ぼっくり
5 結《むす》んで
6 願《ねが》う
7 固定《こてい》
8 省《はぶ》いて
9 十兆円《じっちょうえん》
10 改定《かいてい》
11 強行軍《きょうこうぐん》
12 管理《かんり》
13 満《み》たす
14 低《ひく》くて
15 努力《どりょく》
16 食塩《しょくえん》
17 漁船《ぎょせん》
18 一昨日《いっさくじつ》
19 建国《けんこく》
20 好《す》き

4「松《まつ》ぼっくり」は、松の木の実のこと。松かさ。

11「強行軍《きょうこうぐん》」は、時間的なゆとりがなく、無理に計画を進めること。

20「好《す》きこそものの上手《じょうず》なれ」は、好きでやることは、だれでも熱心に努力するので、上達も早いということ。逆《ぎゃく》に言えば、いやいややるようなことは、なかなか成長しないということ。

問題は本さつP132～137

一 読み

各1点 計20点

グレーの部分は答えのほそくです。

1 ゆびわ
2 いさみ足《あし》
3 なし
4 おき去《ざ》り
5 つづく
6 しゅっぺい
7 ぎょうじ
8 ふるす
9 ろくが
10 ふりつ
11 かかわる
12 ふし
13 しょかい
14 ちあん
15 でんき
16 しゅうち
17 しずめて
18 にっしょう
19 さませ
20 のこり物《もの》

6「出兵」は「出発」と同じように「出」が「シュッ」というそく音(小さい「っ」で表される)になる。

12「うたがわしい節《ふし》」は、うたがわしいところの意味で、「ふし」と訓読みする。「その節はお世話になりました」などの場合は、「せつ」と音読みする。

20「残《のこ》り物《もの》には福《ふく》がある」は、残った物には、思いがけず良い物があるという意味で、人をおしのけるのではなく、争わずにいた人にこそ、幸運がおとずれることがあるということ。

二 読み

各1点 計10点

グレーの部分は答えのほそくです。

1 しゃくや
2 かりる
3 にそく
4 ひとたば
5 にっこうよく
6 みずあび
7 こうつうりょう
8 はかる
9 こうねつ
10 あつい

3「二《に》束《そく》三《さん》文《もん》」は、数は多くても安いねだんしか付かないことを意味する四字じゅく語。二束(二足)のぞうりが三文(文はお金の単位)であったことから。

三 漢字えらび

各2点 計20点

グレーの文字は問題と選たくしの一部です。

1 イ 栄転《えいてん》
2 ウ 貨車《かしゃ》
3 ア 冬季《とうき》
4 イ 直結《ちょっけつ》
5 ウ 湖底《こてい》
6 ア 法学部《ほうがくぶ》
7 ウ 重要《じゅうよう》
8 ウ 血管《けっかん》
9 イ 辞去《じきょ》
10 イ 単位《たんい》

四 画数

各1点 計10点

何画目

1 3
2 5
3 7
4 5
5 5

総画数

6 15
7 20
8 11
9 12
10 18

五 音読み・訓読み

各2点／計20点

1 ア
2 イ
3 イ
4 イ
5 イ
6 ア
7 ア
8 イ
9 ア
10 ア

六 対義語《ぎ》

各2点 計10点

グレーの部分は問題のじゅく語・答えのほそくです。

1 失敗《しっぱい》―成功《せいこう》
2 直線《ちょくせん》―曲線《きょくせん》
3 悪筆《あくひつ》―達筆《たっぴつ》
4 期待《きたい》―失望《しつぼう》
5 泣《な》く―笑《わら》う

3「悪筆《あくひつ》」は、字がへたなこと。きたない字のこと。「達筆《たっぴつ》」は、字がうまいこと。上手《じょうず》な字のこと。

七 漢字と送りがな
各2点／計14点

1 求《もと》める
2 欠《か》ける
3 散《ち》らかす
4 連《つら》ねる
5 養《やしな》う
6 働《はたら》く
7 必《かなら》ず

八 同じ部首の漢字
各2点 計20点

グレーの部分は問題の一部です。

ア
1 公約《こうやく》
2 配給《はいきゅう》
3 有終《ゆうしゅう》の美《び》

イ
4 目標《もくひょう》
5 球根《きゅうこん》
6 石材《せきざい》

ウ
7 前兆《ぜんちょう》
8 光線《こうせん》
9 育児《いくじ》
10 三次元《さんじげん》

九 同じ読みの漢字
各2点／計16点

グレーの部分は問題の一部です。

1 観察《かんさつ》
2 新札《しんさつ》
3 改行《かいぎょう》
4 音階《おんかい》
5 古典《こてん》
6 自動点火《じどうてんか》
7 当選《とうせん》
8 戦力外《せんりょくがい》

十 じゅく語作り
各2点／計20点

グレーの部分は問題と選たくしの漢字を組み合わせたじゅく語です。

(一)
1 ウ 未満《みまん》
2 ア 満足《まんぞく》

(二)
3 オ 電灯《でんとう》
4 ウ 灯油《とうゆ》

(三)
5 エ 遊牧《ゆうぼく》
6 イ 牧草《ぼくそう》

(四)
7 オ 究極《きゅうきょく》
8 イ 極地《きょくち》

(五)
9 エ 面積《めんせき》
10 ア 積雲《せきうん》

十一 漢字
各2点 計40点

グレーの部分は答えのほそくです。

1 的《まと》
2 果《は》てた
3 不都合《ふつごう》
4 転機《てんき》
5 便《たよ》り
6 末《すえ》
7 付《つ》きそう
8 念願《ねんがん》
9 各国《かっこく》
10 差《さ》す
11 別《わか》れ
12 借用《しゃくよう》
13 競走《きょうそう》
14 安静《あんせい》
15 説《と》き
16 唱《とな》える
17 案《あん》の定《じょう》
18 道順《みちじゅん》
19 信用金庫《しんようきんこ》
20 梅《うめ》

3「不都合《ふつごう》」は、都合・具合が悪いこと。金せんの都合がつかないことも表す。
4「転機《てんき》」は、他の状態《じょうたい》に移《うつ》るきっかけのこと。「機」は、「きっかけ」のこと。
17「案《あん》の定《じょう》」は、予想どおりという意味。
20「梅《うめ》にうぐいす」は、二つのものが調和している、良い取り合わせのこと。

矢印の方向に引くと別さつが外れます